가스라이팅에서 회복하기

가스라이팅에서 회복하기

GASLIGHTING RECOVERY
FOR WOMEN

나를 단단하게 만드는 심리 성장 워크북

아멜리아 켈리 지음 | **최지원** 옮김

세종

．
．
．

자신의 존재 이유를 잘 모르겠다고 내게 토로했던 여성들에게—
당신의 목소리는 소중하고, 당신은 매우 가치 있는 존재입니다.
당신은 사랑과 존중을 받을 자격이 충분합니다.
당신이 당신이라는 이유만으로도.

들어가는 말

가스라이팅은 여성이 경험하는 가장 흔한 정서적 학대다. 가스라이팅은 권력의 불균형과 성 불평등을 악화시킨다. 가스라이팅으로 인한 정서적 트라우마는 삶 전반에 걸쳐 영향을 미친다. 연인 관계는 물론 가족과 친구, 건강, 학업, 직업 등에 해를 끼치고 그 영향이 사회 전반으로 퍼져나간다.

나는 오랫동안 통합심리치료사로 일하며, 트라우마에서 벗어나려는 많은 여성을 만나왔다. 그들은 사연도 인생 경험도 저마다 다르지만, 갈망하는 것은 모두 비슷했다. 안전해지는 것, 그리고 누군가 자신을 바라보고, 자신의 목소리를 들어주는 것.

나는 '**치료를 원하는 사람은 누구든 치료받게 한다**'를 사명으로 삼고 살아왔다. 현재도 모두가 쉽게 접근할 수 있는 치료법과 자기 돌봄 수단을 널리 알리기 위해 최선을 다하고 있다. 올바른 자원과 수단만 주어지면 치료실 안팎에서 많은 이가 치유될 수 있다. 가스라이팅에서 회복하기 위해서는 자신이 혼자가 아니라는 사실을 깨닫는 것이 중요하다.

가스라이팅을 겪고 있음을 알아차린 후 자신을 보호하는 방법을 배우고, 자기 돌봄에 집중하면 아무리 끔찍한 가스라이팅을 겪은 사람도 거기서 빠져나올 수 있다. 회복과 치유 과정을 통해 가스라이팅으로 인해 왜곡된 자신을 바로잡은 여성들은 자신이 얼마나 직관적이고 감정이 풍부한지 비로소 깨닫는다. 그리고 어려움을 견뎌내며 획득한 강인함으로 자신을 통제하려는 사람을 무력화시키는 단계로 도약한다.

가스라이팅을 극복한 여성들은 통제력을 되찾고, 스스로 치유하며 성장해나간다. 그러면서 회복탄력성이 점차 강화된다. 정서적 학대를 이겨낸 뒤에는 갖가지 가스라이팅의 징후를 감지하는 내부 경보 시스템을 갖추게 된다. 또한 뭔가 잘못됐다고 느낄 때 자신의 판단을 믿으면 자존감과 자율성이 강화되어 더 이상 타인의 인정을 구할 필요가 없어진다.

이 책 사용법

이 책을 어떤 순서로 읽을 것인지는 전적으로 독자에게 달려 있다. 이 책은 각 장에서 일기 쓰기, 연습용 기록표 작성하기, 자기 돌봄 활동 등 여러 치료법과 연습법을 소개한다. 자신과 무관해 보이는 장이 있더라도 또 다른 장에서는 유용한 정보를 얻을 수 있을 테니, 각자 자신에게 맞는 것을 취사선택하도록 한다. 현재 타인의 학대로 고통받고 있거나 이제 막 자신이 겪은 일을 알아채기 시작했다면 1장부터 시작하기를 권한다. 도중에 힘들면 언제든 쉬어도 좋다. 자신의 한계를 알고 존중하는 것은 자기애를 실천하는 아름다운 행동이다.

이 책은 세 부분으로 구성되어 있다. 처음에는 가스라이팅의 유형을 파악하고, 가스라이팅을 겪은 여성들의 사례를 살펴본다. 그리고 이를 토대로 치유와 자율성을 획득하기 위한 다양한 연습을 해볼 것이다. 1~3부 모두 가스라이팅의 트라우마에서 회복하는데 필수적인 내용을 담고 있다.

1부에서는 다양한 관계와 역학 속에서 발생하는 가스라이팅의 유형을 이해하고 감별하는 방법, 그리고 안전을 확보하기 위한 실행 계획을 알려준다. 가스라이팅 사례를 통해, 여성들의 경험을 관찰하면서 깨달음을 얻게 될 것이다.

2부에서는 과거의 트라우마와 해로운 패턴을 인식해 치유를 촉진하는 치료법과 기술을 소개한다. 치료에서 가장 중요한 것은 자기 자비와 자기 용서다. 각각의 활동을 시작하기 전에, 자신이 현재 피로나 배고픔, 압박감 등으로 스트레스를 받은 상태인지 확인한다.

3부에서는 자존감과 자기애를 키우는 연습 방법을 제공한다. 자기 자신을 있는 그대로 받아들이고 자존감을 굳건히 하여, 자신감과 신뢰감을 바탕으로 건강한 관계를 구축하는 방법을 알아본다.

─────────── PART TWO ───────────

가스라이팅에서 벗어나 마음 치유하기

─────── PART THREE ───────

가스라이팅에서 완전히 회복 후,
진정한 내 모습 찾기

가스라이팅을 당하면 자신에 대한 확신이 무너지기 때문에 자기 의견과 자기 인식, 그리고 현실 감각을 의심하며 혼란을 느낀다. 한 사람이 다른 사람 혹은 어떤 그룹보다 우월한 지위에 있는 경우라면 어떤 관계(연인, 가족, 친구, 동료)에서든, 어느 집단과 조직(직장, 학교, 정부, 병원)에서든 가스라이팅이 발생할 수 있다.

가스라이팅이 언제나 명확히 드러나는 건 아니다. 때로는 은근하고 파악하기 힘든 방식으로 이뤄지기도 한다. 그러나 가스라이팅의 작용 방식과 역학을 이해하면 자기 자신을 진정으로 존중하고, 다른 사람이 나를 조종하거나 정서적으로 학대하지 못하게 막을 수 있다. 당하는 사람이 인식하지 못할 때, 가스라이팅은 가장 큰 영향력을 발휘한다. 따라서 가스라이팅을 알아차리는 것이 예방과 회복의 핵심이다.

PART ONE

가스라이팅에 대한 지식 쌓기

사람이 살면서 가장 크게 후회하는 일은
내가 원하는 모습이 아니라 남들이 원하는 모습으로 사는 것이다.
_섀넌 L. 올더Shannon L. Alder

CHAPTER 1

살면서 한 번은 마주치는 가스라이팅

이 장에서는 가스라이팅의 단계와 그 바탕에 깔린 동기, 가해자들의 수법과 전략을 짚어보며, 가스라이팅이란 과연 무엇이고 어떤 형태로 나타나는지 알아볼 것이다. 그리고 여성이 남성보다 가스라이팅에 취약한 이유도 살펴볼 것이다. 내가 가스라이팅당하고 있다는 사실을 알아채면 가해자의 말과 행동이 힘을 잃는다. 깨달음은 가스라이팅에 대항하는 매우 강력한 무기다.

'가스라이팅'이란 심리학 용어가
대중화된 배경

가스라이팅은 타인을 심리적으로 조종해 스스로 정신 상태를 의심하게 만드는 행위다. 이 말은 1938년 영국에서 상연된 연극 〈가스등Gas Light〉에서 처음으로 사용되었다. 그리고 1944년에 이 연극 내용을 바탕으로 한 잉그리드 버그먼Ingrid Bergman 주연의 영화 〈가스등Gaslight〉이 개봉되었다. 영화에서는 매력적인 남편이 아내를 사회적으로 고립시키고, 교묘한 속임수로 그녀의 판단력을 흐려놓는다. 남편은 아내 몰래 벽을 두드리거나 집 안의 조명을 어둡게 해놓고 아내가 괴로워하면 환각이라며 정신병자로 취급한다. 그러나 사실 이 모든 것은 처가의 보물을 빼앗으려는 남편의 계략이다.

이후 2010년대 중반 심리치료 분야에서 가스라이팅이라는 용어를 도입해 대인 관계에서 이뤄지는 심리 조작을 설명하기 시작했다. 2017년 미투#MeToo 운동이 전개되면서 가스라이팅을 당했다고 주장하는 성폭행 생존자들의 진술이 주목을 받았다. 하지만 이 용어가 본격적으로 주류 소셜 미디어에 등장한 것은 2018년 들어서다.

사회학자들은 2018년의 정치적 상황이 가스라이팅이라는 용어가 대중화되는 데 기여했다고 지적한다. 각국 지도자들이 대중을 속이고, 자신의 과거 발언이나 행동을 노골적으로 부정하는 일이 빈번해진 것이다. 여기에 더해 정신 건강과 평등한 인간관계에

대한 인식이 높아지던 당시 시대적 분위기도 이 용어가 확산되는
데 한몫했다.

가스라이팅의 동기는 지배욕

가스라이팅의 가장 흔한 가해 동기는 지배욕이다. 가스라이팅하
는 부모 밑에서 자란 아이는 자율성과 자립심이 발달하지 않아,
생존을 위해 양육자의 가스라이팅 수법을 그대로 모방할 가능성
이 크다. 과거에 가스라이팅을 당한 적이 없는데도 비정상적인 지
배욕을 보인다면, 나르시시즘이나 기타 반사회적 인격 장애로 인
한 불안감과 자존감 부족이 원인일 수 있다. 나르시시즘과 가스라
이팅은 분명한 상관관계가 있지만, 가스라이팅 가해자가 반드시
나르시시스트라고 할 수는 없다.

비非나르시시즘적 가스라이팅

피해자의 상태를 아랑곳하지 않고 자신의 직업적·사회적 성공
만 추구하는 유형이다. 주로 정치인, 의료인, 사이비 지도자, 고위
관료, 성차별이나 인종 차별 지지자 등에게서 볼 수 있다.

나르시시즘적 가스라이팅

정서적 불안정이나 자아감의 퇴행에서 비롯된 가스라이팅이

다. 오랜 세월 나르시시즘을 연구한 심리학자 샤히다 아라비Shahida Arabi의 말처럼 "나르시시스트는 당신이 스스로를 의심하고 학대를 눈치채지 못하게 하는 데 선수다." 나르시시즘적 가스라이팅을 하는 사람은 피해자가 스스로 회의감을 느끼고 자신에게 의존하도록 부추김으로써 상대방을 통제하고 지배한다. 이런 작업이 목적을 달성하면, 피해자는 현실 감각이 뒤틀린 채 가해자에게서 거짓 안정을 찾고, 그로 인해 피해자가 가해자에게 강력한 애착을 느끼는 **트라우마 결속**trauma bond이 더욱 강화된다.

2022년 올해의 단어로 선정된 '가스라이팅'

메리엄웹스터 사전은 '가스라이팅'을 2022년 올해의 단어로 선정했다. 해당 연도에 이와 관련된 특별한 사건이 없었는데도 검색 건수가 무려 1,740퍼센트나 증가하며 관심도가 급증했기 때문이다.

가스라이팅이 올해의 단어 후보에 오른 것은 이때가 처음이 아니다. 2018년에도 후보군에 들었으나 더 넓은 범위의 부정적 행동을 포괄하는 '톡식toxic(유해한)'에 밀렸다. 가스라이팅도 유해한 행동에 포함되지만, 유해한 사람이 반드시 가스라이팅을 하는 건 아니다. 유해한 사람들은 일반적으로 가스라이팅 외에도 비협조적, 비판적, 자기중심적, 통제적 행동을 보인다.

가스라이팅은 상대방의 현실 감각을 비틀고 왜곡하는 수단인 반면, 톡식은 그 밖에 다른 형태의 병적이고 학대적인 행동으로도 표출될 수 있다는 점이 다르다.

여성은 왜 가스라이팅에 더 취약한가?

여성을 통제하려는 개인이나 집단은 여성에게 잠재된 강력하고 직관적인 힘을 두려워한다. 여성은 대개 정신적으로 깨어 있고, 타인의 필요에 민감하게 반응한다. 한편으로 실용적이고 과감한 면도 갖추고 있다. 정신적 각성과 민감성은 우리 사회에서 요구되는 훌륭한 자질이지만, 일부 가부장적 체제에서는 오래전부터 여성에게 '너무 예민하다'거나 '지나치게 감정적'이라는 딱지를 붙여 그런 능력을 업신여겼다.

가부장제는 가스라이팅이라는 도구를 이용해 여성을 지배해왔다. 멀린다 웨너 모이어Melinda Wenner Moyer는 〈뉴욕 타임스New York Times〉에 "여성들이 의료계의 가스라이팅을 성토하다"라는 글을 기고해 가스라이팅을 정의하는 단어가 생겨나기 훨씬 전부터 의료계에는 그런 행위가 존재했다고 말한다. 수백 년간 여성들이 호소해온 정신과적 질병, 그리고 자궁과 관련된 거의 모든 증상에 '히스테리'라는 진단이 내려졌다.

여성의 건강과 신체적 자율권은 등한시되고, 언제나 남성 중심으로 의학 연구와 자금 투자, 새로운 치료법 개발이 이뤄졌다. 이처럼 남성의 건강에만 초점을 맞추다 보니, 여성은 상대적으로 혜택을 덜 받아왔다. 그러나 의학 연구에서 여성을 제외하는 건 결과적으로 남녀 모두에게 손해를 끼친다.

여성을 도외시해온 의료계의 가스라이팅

여성을 가스라이팅하면 특정 개인이나 집단, 체제는 이익을 얻을지 모르지만 사회 전체에 부정적 영향을 미친다. 의료계의 가스라이팅은 질병 치료와 관련된 연구에 공백을 가져왔다. 예를 들어, 심장병은 남성과 여성에게 서로 다른 방식으로 발병하는데, 현재 진단법은 남성에게 초점을 맞춘 연구를 바탕으로 하고 있어 여성의 위험 증상을 간과했다.

우리의 어머니와 딸, 자매, 친구들도 다른 사회 구성원들과 동등한 치료와 존중, 관심을 받을 자격이 있다. 그들이 고통을 받으면 모두에게 고통이 된다.

가해자들의 가스라이팅 수법 7가지

가해자들이 구사하는 가스라이팅 수법은 다양하다. 그중에서 가장 해로우면서 가장 널리 사용되는 수법으로 7가지를 꼽을 수 있다. 이런 방식을 전부 동원하는 사람이 있는가 하면, 특정한 수법에 집중하는 사람도 있다. 한 번에 그쳤든 오랜 기간 지속되었든, 7가지 중에서 하나라도 해당하면 위험 신호로 여겨야 한다.

1. **부인**: 명백한 증거가 있는데도 자신의 행동에 책임지는 것을 거부한다. 세부적인 내용을 잊어버린 척하기, 남 탓하기, 대

놓고 거짓말하기 등이 이에 해당한다.

2. **고의적 무시:** 전략적 무능력을 내세우는 행위로, 다른 사람의
말을 이해하지 못하거나 안 들리는 척한다. 누군가 한 말을
들은 적이 없다고 주장하거나 그 말이 이치에 맞지 않는다며
말한 사람을 깎아내린다. 타인을 비이성적이거나 산만하다
고 공격한다. 자기가 한 말을 왜 기억하지 못하느냐며 피해
자를 비난하기도 한다.

3. **경시:** 누군가에게 그들이 생각하거나 원하는 것이 너무 과하
다고 여기게 만드는 행위다. 상대가 자기 생각을 표현할 때
지나치게 감정적이라거나 호들갑스럽다, 까탈스럽다며 핀잔
을 준다. 여성들이 호소하는 온갖 질환에 관습적으로 '히스테
리'라는 딱지를 붙였던 의료계의 가스라이팅도 이런 예로 볼
수 있다.

4. **주의 전환:** 상대방이 언급하는 정보의 출처를 문제 삼아 발언
의 신뢰성을 무너뜨린다. 예를 들어, "온통 인터넷에서만 정
보를 얻는 주제에 당신이 뭘 안다고 그래"라고 말한다. 안타
깝게도 가짜 뉴스의 확산과 제도화된 가스라이팅(교육기관이
나 교회, 기업, 정부와 같은 대규모 조직이 행하는 체계적인 학대)
이 이런 가해에 더욱 힘을 실어준다.

5. 반박: 어떤 사건에 대한 타인의 기억에 의문을 제기해, 피해자의 내면에 불신의 씨앗을 심어놓는다. 확실한 증거가 있을 때조차 예외가 아니다. 실제로 벌어진 일을 자꾸만 까먹는다며 피해자를 나무라고, 피해자가 기억력이 나쁘거나 '자주 깜빡한다'는 이야기를 지어낸다. 영화 〈가스등〉에서 남편이 아내의 기억을 철저히 부정하고 이에 반박하는 모습이 바로 이런 전략에 속한다.

6. 편견: 성별이나 인종, 민족, 성적 지향, 국적, 나이와 연관된 부정적인 고정 관념을 악용한다. 지나친 일반화를 통한 고정 관념을 무기 삼아 상대방이 잘못됐다고, 제정신이 아니라고, 과도하게 화를 낸다고, 과도하게 감정적이라고, 믿을 만하지 않다고 단정해버린다.

7. 책임 전가: 잘못을 입증하는 증거를 제시하면, 가해자는 자신의 행동을 인정하는 대신 다른 사람의 잘못을 들춰 지배적인 위치를 되찾으려 한다. 유형의 증거(대화 녹음본, 영수증, 이메일 등)로 자신이 공격당했다고 느끼면, 가해자는 그런 문제를 제시한 상대방이 자신을 믿지 못하고, 질투하고, 무신경하고, 악랄하고, 잔혹하다고 비난하며 역공을 펼친다.

가스라이팅에 자주 쓰이는 7가지 어법

부인	"난 그런 일/말/생각/요구를(을) 한 적이 없어."
고의적 무시	"큰 소리로 말해." "넌 말을 너무 두서없이 해." "말 좀 천천히 해."
경시	"왜 그렇게 징징거려/감정적이야/예민해/엉뚱해/과장이 심해/부정적이야?"
주의 전환	"어디서 읽었다고/들었다고/봤다고 전부 믿으면 안 되지." "난 ___(가해자 자신이 동의하지 않는 기관, 정치 집단, 이념 체계 등)가 하는 말을 하나도 안 믿어."
반박	"진짜로 무슨 일이 있었는지 넌 기억하지 못해. 넌 기억력이 나쁘니까, 내가 대신 알려줄게." "난 네 기억력을 믿을 수가 없어." "실제 있었던 일이 기억나지 않으니까 그냥 지어낸 거잖아."
편견	"누가 당신 말을 믿어주겠어. 여자들이 학대당했다고 해봤자 아무도 안 믿어." "넌 너무 어려서 지금 무슨 말을 하는지도 모르잖아."
책임 전가	"왜 그런 얘길 꺼내는 거야? 진짜로 잘못한 건 너잖아." "어떻게 그걸 불평할 수 있어? 넌 나를 하나도 신경 쓰지 않지? 넌 항상 그래." "치사하게 굴지 좀 마."

가스라이팅에서 회복하기

가스라이팅이 이루어지는 단계

심리학 전문 잡지 〈사이콜로지 투데이Psychology Today〉에서 프레스턴 니Preston Ni는 다양한 연구를 통해 확인된 가스라이팅의 7가지 단계를 개략적으로 설명했다. 물론 모든 가스라이팅이 동일한 순서로 진행되지는 않고, 반드시 7가지 단계를 전부 포함하지도 않는다. 관계의 형태가 다양하듯, 가스라이팅도 다양한 방법으로 진행된다.

1단계: 거짓말과 과장

가스라이팅은 상대방에 관해 사실과 다른 부정적인 이야기를 꾸며내는 것으로 시작된다. 이 단계에서 가해자는 무엇이 상대를 가장 불안하게 만드는지 전방위적으로 탐색한다. 예를 들어, 가스라이팅하는 남편은 아내가 직장 일 때문에 늦게 귀가할 경우 이렇게 과장해서 말한다. "당신은 허구한 날 늦어. 내 생각은 눈곱만큼도 안 하지." 가정을 돌보지 않는다는 부정적 피드백의 늪에 빠진 아내는 자신을 방어하게 된다.

2단계: 반복되는 행위

1단계가 딱 한 번만 발생했다면(유난히 피곤하다든지, 방어적이라든지, 불안하다는 이유로) 정서적 학대나 가스라이팅으로 발전하지 않을 가능성이 높다. 그러나 가해자가 상대방을 통제하는 것이 목적이라면, 그런 행위는 반복될 수밖에 없다. 여성은 가부장제 안에서 반복적으로 가스라이팅을 경험하기 때문에 파괴적인 사이클에 얽매이기 쉽다.

3단계: 저항을 받으면 더 강하게 밀어붙임

자기 행동이 저항에 부딪히면, 가해자는 가스라이팅 수법을 더욱 강하게 밀어붙인다. 가해자가 자신의 행위를 **부인**하면, 피해자는 자기 의심과 부정적 감정에 휩싸인다. 가해자는 책임을 회피하며, 자기가 하지도 않은 일로 비난받아서(보통은 확실한 증거가 있음에도 불구하고) 얼마나 기분이 상했는지 강조한다. 또한 상대방의 공감을 유도하는 동시에, 자신에게 상처를 입혔다고 상대를 힐난한다.

4단계: 상대를 공격해 정서적 에너지 고갈

가스라이팅 가해자가 통제력을 유지하는 가장 효과적인 방법은 상대방의 정체성과 현실 감각을 파괴하는 것이다. 이 단계에서 가해자는 피해자를 끊임없이 공격해 정서적 에너지를 고갈시킨다. 피해자는 점점 더 자기 자신을 의심하면서 가해자가 날조한

왜곡된 현실에 더욱 동조한다.

5단계: 상호 의존을 유도

이 단계에서 피해자는 인정과 승인, 존중, 안전감을 바라며 가해자에게 의존하기 시작한다. 가해자는 이런 힘을 지렛대로 활용해, 피해자가 자신에게 동의하지 않을 때마다 그가 바라는 역학 관계를 깨버리겠다고 위협한다. 또한 상대방에 대한 지배력이 약해졌다고 판단되면, 가해자는 피해자의 두려움과 취약성을 이용해 상대가 계속해서 자신에게 애착을 느끼도록 만든다.

6단계: 헛된 희망을 심어줌

기대감이 없으면 투자는 이뤄지지 않는다. 가스라이팅 가해자는 이런 원리를 잘 알고 있다. 피해자를 붙들어놓기 위해, 가해자는 때때로 표면적인 친절을 베풀거나 반성의 기미를 보인다. 그러면 피해자는 이 상황이 '정말로 그렇게 절망적인지' 되돌아보며 자신의 직감을 의심한다. 이런 자기 의심은 가해자와 더욱 긴밀한 관계를 형성하도록 피해자를 밀어붙인다. 앞으로 나아질 거라며 (비록 그것이 사실과 다를지라도) 헛된 희망을 심어주는 것은 학대 사이클의 일부다.

7단계: 지배와 통제

가스라이팅의 마지막 단계이자 궁극적 목표는 특정 개인이나 집단이 느끼고 행동하는 방식을 완벽하게 통제하는 것이다. 이 단계에 이르면 피해자의 현실 감각이 철저히 왜곡되어 가해자가 자신의 전술을 마음껏 휘두를 수 있다. 가해자는 어떤 식으로든 피해자를 착취해 통제력을 유지하려 하고, 피해자는 불안과 의심, 두려움에서 헤어나오지 못한다.

관계의 슬롯머신

간헐적 보상(가해자가 주는 헛된 희망)은 매우 강력한 힘을 발휘하므로 극단적인 '트라우마 결속'(19쪽 참조) 관계에서 강압적인 지배 전술로 사용된다. 존 제이 범죄학 칼리지에서 실시한 연구에 따르면 이 방법은 대단히 효과적이어서 성 착취의 핵심 요소로 작용한다.

우리의 뇌와 신경계는 간헐적 보상에 긍정적으로 반응하며, 보상을 예측하기 어려울수록 도파민과 세로토닌같이 기분을 좋게 만드는 호르몬이 폭발적으로 분비된다. 이런 경험이 너무나 큰 만족감을 주기 때문에, 피해자는 관계의 부정적 측면을 무시한다.

도박에서 이길 가능성이 없으면 우리는 슬롯머신에 돈을 넣지 않을 것이다. 그러나 상금을 얻을 기회가 충분히 있다면 거기에 매료된다. 해로운 관계도 이와 마찬가지다.

가스라이팅에서 회복하기

가스라이팅은 어떻게 나를 무너뜨리는가

가스라이팅은 개인의 자존감과 정신 건강은 물론, 본인과 타인을 향한 믿음에도 지속적으로 영향을 미친다. 개인적 성향과 상황에 따라 피해 형태도 달라진다. 일반적으로 가스라이팅이 초래할 수 있는 만성적인 문제는 다음과 같다.

자기 신뢰감 상실

가스라이팅은 피해자의 자기 신뢰감을 파괴하며, 다른 사람이나 무리, 단체와 함께할 때 안전감을 느끼는 능력에도 부정적인 영향을 미친다. 지금 이 순간 가스라이팅을 당하는 것도 모자라, 불신의 사이클이 피해자의 미래까지 좀먹게 한다. 누군가 자신을 도와줄 거라는 믿음이 없으면 의료, 교육, 직업, 대인 관계에서 어려움을 겪어도 다른 사람이나 기관에 도움을 청하지 못한다.

정신 건강 침해

가스라이팅은 상대의 정신을 혼란스럽게 하는 데 목적이 있다. 가스라이팅으로 인한 통제력과 자신감 상실, 고립감, 만성 스트레스는 우리의 사고방식에 부정적 영향을 미친다. 건강하지 않은 사고 패턴은 자기 의심, 자기혐오, 불안감을 키우는데, 이는 우울증과 불안증, 기타 기분 장애에서 흔히 발견되는 특징이다. 생각의 힘은 매우 강력해, 습관적으로 부정적인 생각(자기를 부정하는 사고 패턴)에 빠지면 정신 건강에도 문제가 생길 가능성이 크다.

트라우마 형성

케임브리지 대학교에서 수행한 문화적 가스라이팅에 관한 연구에 따르면, 개인이나 집단이 오랫동안 가스라이팅을 경험하면 트라우마와 사회적 불평등이 대물림된다. 외상 후 스트레스 장애 post-traumatic stress disorder, PTSD는 충격적인 상황에 건강하게 반응하지 못할 때 발생하는데, 가스라이팅을 통한 정서적 학대는 PTSD에서 그치지 않고, 반복적이거나 장기적인 대인 트라우마로 인한 **복합 외상 후 스트레스 장애**complex post-traumatic stress disorder, cPTSD를 일으킬 위험이 크다. 복합 PTSD는 다음과 같은 **자기 조직 장애**disturbances in self-organization, DSO를 동반한다는 점에서 일반적인 PTSD와 구분된다.

- **정서 조절 장애:** 정서 조절이란 정서적 경험을 효과적으로 관리하고 거기에 반응하는 능력을 말한다. 우리는 다양한 감정을 조절함으로써 사회적 관계를 유지하고 저항력을 기르는데, 복합 PTSD를 겪으면 이런 정서 조절이 어렵다.
- **부정적인 자아상:** 자신의 내적 욕구와 필요를 감지하고 추구

하기 어렵다. 비판이나 조언, 자신과 다른 생각을 받아들이기 힘들어진다. 자기 자신과 분리되는 해리감 때문에 자신감이 떨어져 새로운 도전에 대처하지 못할 수도 있다.

- **대인 관계 장애:** 다양한 형태로 발현되는데, 대체로 신뢰감과 친밀감 형성에 어려움을 겪으며, 다른 사람과 진정성 있는 관계를 맺지 못한다.

가스라이팅을 겪은 여성들이 복합 PTSD의 미묘한 특성을 이해하면, 자신이 힘들어하는 이유를 깨닫고 자신을 돕는 사람들한테 무엇이 필요한지 전달할 수 있다. 예를 들어, 심리치료에서 변증법적 행동치료dialectical behavior therapy, DBT를 활용해 정서 조절 장애를 개선할 수 있다.

PTSD 식별하기

다음은 일반적인 PTSD와 복합 PTSD에서 나타날 수 있는 증상이다.

- **재경험:** 트라우마에 대한 회상과 강박적인 생각의 형태로 사건을 다시 경험한다.
- **회피/무감각:** 자신의 트라우마를 연상시키는 사람, 장소, 상황을 피하며, 대부분의 경우 타인과 거리를 둔다.
- **과각성:** 계속해서 주위를 경계하고, 과하게 놀라는 반응을 보이며, 신경이 곤두서고, 공황 발작과 긴장으로 만성 통증을 겪는다.

CHAPTER 2

부모, 형제자매의
가스라이팅

이 장에서는 가정 내에서 가스라이팅을 당하는 여성들의 사례를 통해 가해자와의 역학 관계가 어떤 식으로 영향을 미치는지 짚어 볼 것이다. 각각의 사례는 내게 많은 것을 가르쳐주고 함께 성장한, 실제 내담자들의 경험을 바탕으로 구성했다. 이런 사례를 통해 학대자가 사용하는 전략과 유해한 관계의 특성을 엿볼 수 있다. 가족에 대한 학대는 다양한 관계에서 발생하며, 각 사례는 저마다 독특한 명분과 관계의 역학을 보여준다.

"딸을 과보호하는 아버지"

30대 초반인 크리스틸은 사람들과 진지한 관계를 맺지 못하고 자존감이 낮아 괴로워하다가 내 상담실을 찾았다. 그녀는 성관계 경험이 없는데도 성병이나 임신을 극심하게 두려워하는 건강염려증을 겪고 있었다. 크리스틸은 삼남매 중 장녀였지만, 그녀가 네 살때 막냇동생이 태어나자마자 사망해 남동생과 둘이 성장했다.

아버지는 막냇동생 일로 극심한 충격을 받았지만 자식을 잃은 정신적 충격을 치유하려 하지 않았다. 심리상담을 거부하고, 아이의 죽음을 입에 올리지 않으며 회피로 일관했다. 그 대신 첫째 딸을 '과보호'함으로써 고통을 잊으려 했고, 그로 인해 어린 아들은 거의 방치되었다.

아버지는 크리스틸에게 내가 보호해주지 않으면 너는 남들에게 상처받거나 이용당할 거라고 겁을 주곤 했다. 아버지는 딸의 모든 결정을 주관하려 했다. 친구를 사귀거나 옷을 살 때, 취미 활동은 물론 학교 과제의 주제를 정할 때도 크리스틸은 아버지에게 의견을 물어야 했다. 딸이 자기주장을 하면, 아버지는 "넌 네가 무슨 말을 하는지도 모르잖니"라며 나무랐다. 그리고 '너는 너무 어려서 진짜로 원하는 게 뭔지 모르기 때문에 아빠의 도움이 필요하다'라는 **편견**을 심어주었다.

나는 상담 과정에서 크리스틸이 매우 지적이고 사려 깊은 사람이라는 걸 알게 되었다. 하지만 그녀는 자신의 지능을 의심하면서 스스로 믿고 결정 내리기를 주저했다. 끊임없이 자신감이 무너진 탓에 자아감과 자기 확신감이 비뚤어져 있었다. 그녀가 자신을 무능하고 스스로 돌볼 능력이 없는 사람으로 인식할수록 아버지와의 상호 의존성은 더욱 높아졌다.

10대가 되어 크리스털이 이성 교제에 관심을 보이자, 아버지는 신앙심을 무기로 막아섰다. 이성 교제를 생각하는 것도 죄이며 남자들과 친하게 지내기만 해도(가벼운 키스 정도로도) 성병에 걸리거나 임신할 수 있다고 거짓말한 것이다. 또한 크리스털이 몸매가 드러나는 옷을 입고 싶어 할 때마다 수치심을 느끼게 했다. 그녀는 아버지를 안심시키려고 늘 헐렁한 옷으로 몸을 가렸지만, 아무리 큰 스웨터와 청바지를 입어도 아버지는 그녀가 남자들을 '유혹한다'고 비난했다. 그녀는 항상 아버지에게 혼나는 기분이었다.

그리고 지속적인 가스라이팅으로 임신의 공포에 시달린 탓에, 한 번도 마음 편히 남성과 교제하거나 친밀한 관계로 발전하지 못했다. 게다가 그녀가 20대 중반에 들어섰을 때 아버지가 췌장암 진단을 받고 곧바로 세상을 떠나는 바람에, 아버지에게 정면으로 맞설 기회도 없었다.

마침내 아버지와의 물리적 결속에서 벗어난 크리스털은 지금까지 자신이 왜 그런 선택을 하며 살아왔는지 알고 싶어 심리상담실을 찾았다. 이때부터 그녀는 신체적 친밀감에 관한 강박적 공포를 치유하려 노력했다. 크리스털은 오랫동안 정서 조작을 당해,

성관계를 즐기는 능력이 발달하지 않은 상태였다. 그래서 부정적 자아 개념을 버리고 건강한 성관계를 누릴 수 있도록 골반기저근에 물리치료를 받으며 신체에 대해 새롭게 교육받았다. 그러나 그녀는 아직도 극도로 부정적인 자아 개념을 갖고 있으며, 스스로의 필요와 욕구를 정확히 판단하지 못한다. 자신이 충분히 유능하고 그동안 여러 가지 건강한 선택을 해왔다는 증거가 있지만, 무언가를 선택할 때 아버지에게 의존했던 세월이 너무 길었기 때문이다.

사례 2

"자식의 자존감을 짓밟는 엄마"

학대당한 여성 피해자들을 돕고 있는 20대 초반의 조이는 약혼자와 함께 살며 리로이라는 애완견을 키웠다. 그녀는 친절하고 긍정적인 성격이어서 주위에 친구도 많았다.

이처럼 장점이 많았지만, 조이는 장기적 가스라이팅으로 인한 피해로 고통받고 있었다. 그녀는 어린 시절부터 어머니에게 인정받으려 노력했다. 아름답고 유능한 여성 사업가인 어머니는 원인불명의 건강 문제를 겪고 있었는데, 조이는 그걸 자기 탓으로 여겼다.

"엄마는 제가 안부 전화를 자주 안 하고 제대로 공감해주지 않아서 자신이 그토록 아픈 거라고 신세타령을 하셨어요. 제가 엄마한테 정을 주지 않아서 스트레스가 쌓였다는 거예요. 하지만 저는 엄마와 대화만 해도 속이 울렁거리곤 했어요. 엄마가 화낼 때마다 제 잘못이라고 여겼죠. 엄마 생각을 하면 늘 불편했으니까요."

조이는 부모님 집에 갈 때마다 마음을 졸였다. 한번은 그 집을 찾았다가 심한 어지럼증이 생겨 출근도 못 했다. 그날 어머니는 가족들 앞에서 조이가 느낀 감정을 **경시**했다. 또한 그동안의 실수를 일일이 언급하고, 게으른 성격 때문에 학교생활이 엉망이었다고 그녀를 깔아뭉갰다(이것은 상당 부분 그녀가 성인이 되어서야 발견한 ADHD 때문이었다). 조이가 '관심병자'라서 자신은 도저히 감당하지 못하겠다고 진저리를 치기도 했다. 어머니는 조이가 다섯 살 때부터 이 말을 입에 달고 살았다. 그래서 조이는 '관심병자'처럼 보이지 않으려고 어머니와 가족들에게 자신의 감정과 상처를 꼭꼭 숨겨왔다. 고등학교 때 성폭행을 당하고도 신고는 물론 응당 필요한 도움조차 요청하지 않았다. 이때부터 연달아 건강하지 못한 관계를 맺으며 번번이 정서적 학대와 착취를 당하는 패턴이 이어졌다.

정신 건강에 빨간불이 켜졌다. 검사 결과 주의력 결핍 과다행동 장애attention deficit hyperactivity disorder, ADHD, 양극성 장애, 범불안 장애 진단을 받았다. 그녀는 자아 개념이 심각하게 부정적이어서 자기 자신에 관해 비난조로 이야기하고 스스로를 질책했다. 그녀는 상담 중에 여러 차례 눈물을 흘렸다. 주변 사람들이 "널 사랑하고 네가 필요하다"고 말해주는데도 자신은 실망스러운 모습만 보인다는 거였다. 게다가 계획했던 일들이 자꾸 실패하자 부정적 자아 개념을 영속화하는 거부의 사이클에 빠져들었다.

부모님의 집을 떠나 독립하면서 조이는 가스라이팅의 안개가 걷히는 느낌이었다. 이제 대학에서 학위를 취득하고, 보람 있는 직업을 찾고, 애정 어린 관계를 구축할 수 있을 것 같았다. 하지만 여전히 낮은 자존감과 왜곡된 신체 이미지에 시달렸고, 끊임없이 자신을 다른 사람들과 비교했다. 성인기에 발생한 악순환은 어머니와의 전화 통화와 부모님 집 방문으로 촉발되었다.

현재 조이는 어머니가 전화를 걸어올 때마다 의무적으로 받을 필요는 없으며, 자기 자신을 보호하려면 선을 그을 줄도 알아야 한다는 사실을 배우고 있다. 하지만 어머니와의 관계를 단절하는 것만은 여전히 받아들이지 못한다. 그녀가 이 관계를 단념하지 못하는 것도 가스라이팅이 지속되는 이유 중 하나다.

사례 3

"동생을 분풀이 대상으로 삼는 언니"

사샤는 선천적으로 공감 능력이 뛰어났다. 언제나 주변 사람들과 동물들에게 각별히 마음을 쓰고, 최선을 다해 그들의 상태를 확인했다. 아무도 거들떠보지 않는 동네 길고양이들의 먹이를 챙기는 일도 잊지 않았다. 가족이나 친구들에게 도움이 필요할 때면 늘 그녀가 먼저 손을 내밀었다.

사샤의 민감성은 어린 시절부터 길러졌다. 동유럽계 이민자인 부모님이 일하느라 바빠서 사샤를 포함한 다섯 남매는 집에서 자기들끼리 보내는 시간이 많았고, 맏딸인 안나는 자기가 맡은 일만 최소한으로 하며 동생들을 차갑게 대했다. 사샤는 예쁘고 인기가 많은 언니를 부러워했다. 하지만 안나에게는 남들이 모르는 어두운 면이 있었다. 그녀는 자해와 폭음으로 신체를 학대하며 반복적으로 자살 소동을 벌였다. 부모님이 함께 있어주지 못해, 상냥하고 동정심 많은 사샤가 언니의 분풀이 대상이 되곤 했다.

언니에게 시달리던 사샤는 마침내 집을 떠나 독립했다. 그리고 15년 간격으로 세상을 떠난 부모님의 장례식 때 외에는 한 번도 집에 돌아가지 않았다. 어머니가 살아 계신 동안 안나는 정서적·언어적으로 어머니를 학대했다. 모국어로 윽박지르고 멍청하다고 욕했다. 그러면서 어머니 때문에 자기 인생이 망했다며 모든 걸 어머니 탓으로 돌렸다.

어머니가 돌아가시자 안나는 사샤를 학대하기 시작했다. 사샤는 언니가 거짓말을 지어낸다고 털어놓았다. 특히 술에 취하면, 사샤가 자신이 죽기만을 바란다고 헐뜯었다. 그뿐 아니라 시도 때도 없이 전화하고, 자기가 정말로 죽으면 그건 사샤 때문이라는 음성 메시지를 남기곤 했다. 사샤가 항변하거나 정면으로 맞서면, 자신은 그런 말을 한 적이 없다며 **부인**하는 전략을 썼다.

사샤는 언니가 괜히 으름장을 놓는 거라며 스스로를 안심시키려 했지만, 정말로 일을 저지를지도 모른다는 두려움을 떨쳐낼 수 없었다. 안나는 영리해서 협박만 일삼지는 않았다. 술에 취하지 않았을 때는 자신의 매력을 발휘해 동생을 다시 자기편으로 만들었다. 자기 집에 컴퓨터가 없으니 인터넷으로 물건 사는 걸 도와달라고 부탁한 다음(너무 착한 사샤가 거절하지 못할 걸 알고), 그에 대한 보답으로 열정적인 칭찬과 애정에서 우러난 듯한 말을 퍼부었다. 하지만 늘 얼마 지나지 않아 다시 해로운 관계로 돌아갔다.

안나는 트라우마 결속이라는 불안정한 애착에서 위안을 얻으려 했고, 사샤는 언니가 지운 무거운 죄책감을 내려놓고 싶어 했다. 자매는 여전히 상호 의존과 거짓 희망, 지배, 그리고 일시적 무선 침묵radio silence(무선으로 전파를 발사할 수 있는 기기의 일부나 전부를 일정 기간 사용하지 못하게 하는 일) 사이에서 표류하고 있다.

솔루션

외부인이나 전문가의 도움 등
안전 대책을 세우자

가정 내에서 발생하는 가스라이팅은 웬만해선 벗어나기 힘들고, 오랫동안 지속되는 경향이 있다. 주 양육자, 부모, 형제자매, 조부모, 친척, 재혼 가족 등 가족 중 누구라도 가해자가 될 수 있다. 하지만 어떤 경우에도 가족 전체의 복합적인 구조가 가스라이팅의 역학에 일조한다는 사실은 변하지 않는다.

온 가족이 가스라이팅을 목격하고도 자신에게 화살이 돌아올까 봐 두려워 피해자를 도와주지 않으면, 가해자가 만들어낸 현실의 왜곡된 버전이 영속화될 가능성이 있다. 가족 간 가스라이팅에서 벗어나려면 외부인이나 전문가에게 도움을 구하는 등 안전 대책을 세울 필요가 있다. 가해자와 관련 없는 건강한 사람들과 교류하다 보면 현실 감각을 회복하고, 자신이 오랫동안 견뎌온 잠재적 위협을 분별하게 된다. 또한 가해자와 거리를 두는 데 위험이 따를 경우, 그들을 지지 기반으로 삼을 수 있다. 이와 같이 외부의 지원을 받으면 건강한 경계를 설정하고, 가족에게 당한 가스라이팅을 치유하는 새로운 여정을 시작할 수 있다.

가족이라고 해서 끝까지 참을 필요는 없다. 아무리 가족이라도 지나친 해를 끼치는 사람은 멀리해도 된다.

가스라이팅 상황에서 나를 지키는 4단계

가해자를 외면할 수 없거나 도망치기 힘든 복잡한 상황일 때는 실천 위주의 안전 대책이 도움이 된다. 자신이 가스라이팅을 당하고 있다고 생각되면, 다음과 같이 단계에 따라 실행해보라.

1단계: 가스라이팅 분별하기. 지금 무슨 일이 벌어지고 있는지 인식하는 것이 가장 시급하고 중요하다. 상대방이 자주 쓰는 말이나 수법에 주의를 기울이고 자신이 다음과 같은 영향을 받고 있는지 확인한다.

가스라이팅에서 회복하기

- 나 자신이 의심스럽고, 혼란스러우며, 불안하다.
- 지나치게 자주 사과한다.
- 내 감정이 정당한 건지 확신이 들지 않는다.
- 결정을 잘 내리지 못한다.
- 통제력을 빼앗긴 느낌이다.

2단계: 장소 옮기기. 가해자와 함께 살 경우에는 집에서 보내는 시간을 줄인다. 일자리를 구하고, 방과 후 활동을 신청한다. 산책이나 운동을 하러 나가고, 다른 가족이나 친구와 시간을 보낸다. 만약 이것이 불가능하면, 이 책 3부에 나오는 호흡법이나 그라운딩 기법 등을 활용해 신체를 환기시킨다.

3단계: 증거 수집하기. 기록을 남기면 현실 감각을 바로잡고 앞으로 이 관계를 어떻게 다뤄야 할지 결정하는 데 도움이 된다. 사진, 문자, 이메일 등의 증거는 가해자를 변화시키기 위한 것이 아니다. 가해자는 오히려 이를 무기 삼아 당신을 공격할 수 있다. 증거는 당신이 현실 감각을 되찾고 자기 생각과 감정을 가해자로부터 분리하는 방편이 되어준다.

4단계: 지지자 확보하기. 개인적 경험을 다른 사람에게 털어놓는다. 말하는 것이 두렵겠지만, 앞으로 발생할 수 있는 문제를 헤쳐나가기 위한 자구책이 될 수 있다. 현실 감각을 회복하는 데 도움을 줄 만한 외부인을 찾아, 적절한 시기가 되면 가스라이팅에 맞서거나 가해자에게서 빠져나올 계획을 세운다.

도저히 분리할 수 없는 관계에서 학대가 이뤄지고 있다면, 전문가에게 도움을 구해야 한다. 가정폭력 상담 전화를 이용하는 것도 좋은 방법이다.

CHAPTER 3

부부나 연인 사이의
가스라이팅

보통 가스라이팅이라고 하면 연인이나 부부 사이를 떠올린다. 연인이나 부부는 내밀한 관계인 데다 함께 보내는 시간이 많기 때문이다. 이 장에서는 실제로 연인이나 남편에게 가스라이팅을 당한 여성들의 사례를 통해, 그런 학대가 피해자들의 자신감과 자존감 혹은 안전감에 어떤 영향을 미치는지 살펴볼 것이다. 학대적인 관계가 심화하는 걸 막아주는 건전한 바운더리 설정법과 학대 사이클에 대해서도 알아볼 것이다.

"자기에게 올인하기를 바라는 약혼자"

세라는 질과 약혼하기 5년 전부터 심리치료를 받아왔다. 그녀는 의욕 부진과 극심한 불안, 불면증에 시달리고 있었다. 약혼자와의 관계가 어떤지 물어보자, 뭔가 마음에 걸려 결혼을 미루고 있다고 털어놓았다. 하지만 약혼자는 결혼을 밀어붙이면서, 세라가 망설인다면 더 이상 함께할 이유가 없으니 헤어지자고 강하게 나오는 상황이었다.

나는 세라에게 친구와 가족들은 두 사람을 커플로서 어떻게 평가하느냐고 물었다. 그러자 세라는 '질이 내가 다른 사람 만나는 걸 싫어해서' 잘 모르겠다고 답했다. 질을 만나기 전까지 세라는 굉장히 사교적이었고, 친한 친구와 직장 동료, 가족들과 자주 어울렸다. 그러나 질을 만난 후로 그녀의 사회적 지원망이 급속히 단절되었다.

세라가 다른 사람들과 시간을 보내려고 하면(친구들과 실내 클라이밍을 하거나 퇴근 후 동료들과 술을 한잔하는 등) 질은 세라가 자신보다 다른 사람들을 더 위한다고 몰아세웠다. 세라는 질을 진심으로 사랑하고 두 사람의 관계를 해치고 싶지 않아 자신에겐 질이 최우선이라는 걸 증명하려 최선을 다했다. 친구들과의 약속을 취소하고 클라이밍 모임에서도 탈퇴했다.

그러나 질은 세라를 점점 더 심하게 질책했다. 친구나 동료에게

문자 하나, 이메일 한 통만 보내도 바람을 피운다고 야단이었다. 그렇지 않다고 조목조목 반박하며 우려스러운 말을 꺼내면, 질은 오히려 **책임 전가**한 채 자신을 '못살게 군다'며 오히려 세라가 사과하게 만들었다.

이제 문자나 이메일이 오면 세라는 불안해졌고, 몰래 나가서 답신을 보냈다. 그러고 나면 자신이 약혼자를 속였다는 생각에 불안과 수면 장애, 두통에 시달렸다. 주변 사람들과 멀어질수록 그녀는 더욱더 질에게 의존했고, 약혼자의 요구를 거의 다 들어줬다.

그러던 중 세라에게 같은 직종에서 연봉이 두 배에 지위도 더 높은 이직 기회가 찾아왔다. 질은 세라가 자신과 함께하는 시간보다 돈을 더 중요시한다고 화내며 떠나겠다고 협박했다. 세라는 이직 제안을 거절할 수밖에 없었다. 그러면서 약혼자와 헤어질 마음은 없지만, 자기 자신을 잃어버린 듯한 기분을 지울 수 없어 괴로워했다.

사례 2
"자기중심적인 학대자"

간호사인 메리는 혼자서 어린 아들을 키우고 있다. 메리가 라이언과 처음 교제한 건 10여 년 전 두 사람이 20대 초반일 때였다. 당시 라이언이 음주 문제를 겪고 있어, 메리는 그와의 관계가 건전

바운더리 설정과 '완벽한 타이밍'이라는 거짓된 신화

《나는 내가 먼저입니다: 관계의 안전거리에서 자기중심을 찾는 바운더리 심리학》의 저자 네드라 글로버 타와브_{Nedra Glover Tawwab}는 누군가와의 관계나 생활에서 처음으로 불편함을 느꼈다면, 그것이 바로 바운더리가 필요하다는 신호라고 말한다. "싫어"라는 한마디로 충분하다. 해명할 필요도 없다. 선을 긋는 것은 당신의 권리이기 때문이다.

타인에게 상처를 줄까 두려워 바운더리 설정을 차일피일 미루는 사람이 많다. 그러나 시간을 끌면 끌수록 경계가 희미해지고, 남들에게 당신을 이용할 빌미만 준다. 세라와 질의 관계에는 '완벽한 타이밍'이라는 거짓된 신화가 존재했다. 세라가 걱정스러운 말을 꺼낼 때마다 질은 "그런 얘기를 할 기분이 아니야"라며 발끈하곤 했다. 하지만 감정을 표현하려는 세라의 시도는 타이밍과 관계없이 언제나 저지당했다. 당신이 '바운더리'를 요구하면 가해자는 '타이밍'을 들이밀며 당신을 공격할 수 있다. "왜 하필 지금 그런 얘기를 꺼내?" 혹은 "넌 내가 퇴근해서 집에 오자마자 시비를 걸더라", "너는 정말 때를 못 맞춰"와 같은 말을 주로 사용한다.

현실에 존재하지도 않는 '완벽한 타이밍'을 구실로 당신을 비난하는 것은 온당치 못하다. 당신의 바운더리는 **시간과 상관없이** 존중받아야 한다.

하지 않다고 판단했다. 두 사람은 헤어졌고, 메리는 그 후 다른 사람과 결혼했다.

그러나 메리의 첫 번째 결혼은 실패로 끝났다. 상담실을 찾아온 그녀는 아이도 못 낳고 자꾸 나이만 먹어간다며 불안감을 토로했다. 얼마 후 라이언이 나타나, 그녀와 다시 시작하고 싶다며 애정 공세를 퍼부었다. 그는 자신이 이제 변했고 메리를 여전히 사랑하며, 두 사람이 늘 원했던 가정을 이루고 싶다고 말했다. 라이언은 메리가 엄마가 되고 싶어 한다는 것을 너무나 잘 알고 있었다. 이후 1년도 안 되어 두 사람은 부부가 되었다.

그러나 결혼하고 얼마 지나지 않아 라이언은 급변했다. 다시 술을 마시기 시작했고, 메리 때문에 우울하다며 화를 냈다. 메리가 반항하면, 과거에 자신을 버렸던 메리의 행동을 상기시켰다. 또다시 버림받을지 모른다는 두려움에 사로잡힌 그는, 메리가 자신만큼 가정에 충실하지 않다는 이야기를 지어냈다. 그의 질투심이 점점 더 심해질 무렵, 메리는 첫아이를 임신했다.

아들이 태어나자 메리는 일시적으로 헛된 희망을 품었다. 라이언은 두 달 정도 술을 끊었고, 부부는 함께 아이에게 집중했다. 하지만 이 또한 오래가지 않았다. 메리가 아이를 돌보느라 정신없을 때면, 라이언은 그녀의 관심을 자신에게 돌리려 했다. 음주와 거짓말도 늘어났다. 술을 마신다고 나무라면, 빼도 박도 못할 증거인 빈 술병이 차고에 있는데도 **부인** 전략을 썼다. 그러고는 메리가 스트레스를 준다며 가사를 돕지 않았다. 그 때문에 집 안이 엉망이 되면 메리가 게을러 자식을 더러운 환경에서 키운다며 호통쳤다.

메리는 라이언과 헤어지려 했지만, 그는 그녀가 떠나면 자살하겠다며 위협했다. 상황은 점점 더 악화되었고, 결국 메리는 떠나기로 마음먹었다. 그런데 아이를 차에 태우고 있을 때, 집 안에서 총소리가 들렸다. 그녀는 라이언이 정말로 자살했다고 여겨 털썩 주저앉아 경찰에 신고했다. 경찰이 찾아와 집 안을 수색했지만, 라이언은 멀쩡히 살아 있었다.

그는 메리가 별것 아닌 일로 소란을 피워 일을 크게 만들었다며 노발대발했다. 그러면서 **책임 전가**시켜, 경찰이 들이닥친 건 그녀 탓이고 이 일로 자신이 직장을 잃으면 그 또한 그녀의 잘못이라고 소리쳤다.

경찰은 라이언을 정신병원에 입원시켰다. 이틀 후 메리가 데리러 가자, 라이언은 그녀를 나쁜 엄마, 나쁜 기독교인, 나쁜 아내라고 비난하며, 결혼 생활을 유지하려면 그녀가 더욱 노력해야 한다고 질책했다. 두 사람은 부부로서의 미래를 확신하지 못한 상태에서 집으로 돌아와 오랜 시간을 함께 보냈다. 라이언은 메리가 불안정하다며 사태를 부풀려 말했고, 그녀는 자신이 정말로 그렇다고 믿게 되었다.

사례 3

"일편단심을 요구하는 남편"

멀린다는 자기 자신이 낯설게 느껴지는 증상을 치료받으러 왔다. 자가면역 반응으로 고생하는 그녀는 재혼 가정에서의 역학 관계로 만성 스트레스를 겪고 있었다(멀린다와 피터는 둘 다 이전 결혼에서 낳은 자녀가 있었다). 병원에서 주치의에게 진단받고 치료를 시작하자 건강이 좋아졌다. 하지만 스트레스의 원인은 여전히 불분명했다.

나는 정서적으로 학대받는 피해자가 가해자의 심기를 건드리지 않으려 전전긍긍하는 '눈치 보기'에 대해 그녀와 이야기를 나눴다. 이야기를 통해 그녀는 남편의 화를 돋우지 않으려고 밤낮으로 애쓰는 게 스트레스의 근원이라는 걸 인지했다.

멀린다는 첫 번째 이혼으로 엄청난 죄책감을 느꼈다. 그래서 재혼 전부터 불안감에 시달렸고, 이번 결혼은 반드시 지켜내겠다고 굳게 마음먹었다. 피터는 매력적이고, 말재주가 좋으며, 자기주장이 강했다. 그는 갈등 상황이 생기면 늘 신속하게 대응했다.

두 사람은 자주 말다툼을 벌였다. 피터는 주로 그녀가 자신에게 충실하지 않다고 비난했다. 멀린다가 이전 결혼에서 얻은 성인 자녀들을 혼자 방문하는 것을 자신에 대한 배신이라며 힐책했다. 그는 멀린다가 자녀들을 보고 싶어 하는 마음을 **경시**하면서, "자기라면 절대로 그러지 않을" 텐데 그녀는 자신보다 아이들을 중시한다고 책망했다.

그는 멀린다의 자녀 중 한 명과 자주 갈등을 빚었는데, 좋은 아내라면 어떤 경우든 남편의 편을 들어야 한다고 주장했다. 멀린다가 받아들이지 않으면 피터는 그녀와 담을 쌓거나 의도적으로 무시하는 방식을 택했다.

한편으로, 그는 희망적인 조짐을 보이거나 화해를 청해 멀린다를 몹시 헷갈리게 했다. 이따금 적극적으로 그녀를 도와주고 로맨틱한 분위기를 연출하기도 했다. 멀린다처럼 예민한 사람을 계속 괴롭히기만 하면 두 사람의 관계가 끝나버린다는 것을 알고 있었던 것이다. 피터는 자신이 멀린다를 얼마나 사랑하는지 속삭이며, 그녀가 너무 소중해서 자기가 강압적으로 굴었던 거라고 말했다.

그는 번번이 멀린다의 감정에 반기를 들었다. 그녀가 좌절감을 표현할 때마다 "나라면 절대 그런 식으로 항의하지 않을 거야"라며 **주의 전환** 전략을 썼지만, 실제로는 그 반대였다. 그런 다음 멀린다가 내키지 않는데도 육체적 친밀감으로 관계를 회복하려 했고, 무엇보다 피터는 절대 사과하는 법이 없었다.

정서적 학대 사이클이 너무나 교묘하게 진행되어, 멀린다는 여전히 결혼 생활을 끝낼 생각조차 하지 못했다. 피터가 이따금 건네주는 애정이라는 보상과 앞으로 변하겠다는 약속에 조종당하는 일이 거의 매달 반복되었다. 그럴 때마다 멀린다는 두 사람의 문제에 대한 **자신의** 접근 방식을 수정하려 했다. 모두 **그가** 만들어낸 문제인데 말이다. 멀린다에게 관심과 희망을 주고, 혼란스럽게 하고, 수세에 몰리게 하는 피터의 교묘한 전략은 현재까지도 성공을 거두고 있다.

더 잃기 전에 감정 학대 사이클을 이해하고 현명한 결단을 내리자

언젠가 변할 거라는 공수표는 연인이나 부부 사이에 지속적으로 이뤄지는 가스라이팅의 핵심 요소다. 거기서 잠시 벗어나는 순간, 피해자는 자신이 통제력을 되찾았으며 상대방도 이제 변할 거라고 믿는다. 이런 희망이 없으면 관계는 유지되지 않는다. **책임 전가**와 비난 등 공격적인 가스라이팅 전략도 피해자에게 잘못된 인식을 심어준다. 그래서 뭐든지 파트너가 원하는 대로 해주면 어떻게든 상황을 '개선'할 수 있을 거라고 여긴다. 그러나 이러한 과정에서 피해자는 자신의 참모습을 잃어버린다.

나는 학대 피해자들의 트라우마를 치료하면서, 자신이 학대적인 관계에 놓여 있다는 걸 어떻게 알 수 있느냐는 질문을 많이 받는다. 그럴 때는 삶의 주도권과 자기 정체성을 잃어가고 있다는 징후가 보이는지 주의 깊게 관찰해야 한다. 앞에서 살펴본 세 명의 사례자는 하나같이 자신이 원하는 뭔가를 포기했다. 세라는 이직 기회를 놓쳤고, 메리는 남편을 떠나지 못했으며, 멀린다는 자녀들을 만날 수 없었다. 더 많은 것을 잃어버리기 전에, 학대의 전형적인 사이클을 이해하고 현명한 결정을 내려야 한다.

학대 사이클의 4단계

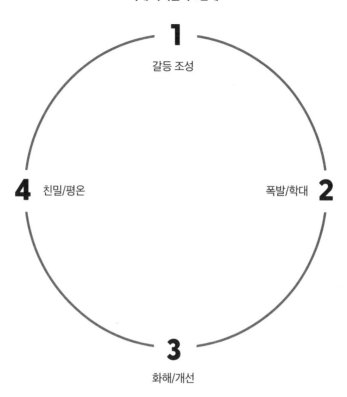

1
갈등 조성

2
폭발/학대

3
화해/개선

4
친밀/평온

CHAPTER 4

공적인 관계에서의
가스라이팅

가스라이팅은 주로 개인 대 개인으로 이뤄지지만, 공공 영역에서
도 발생할 수 있다. 개인이나 집단이 다른 사람이나 집단을 소외시
키는 것이다. 여성을 무력화시키는 편견 때문에 주로 여성이 사회
적 가스라이팅을 당하는 경우가 많다. 사회적 가스라이팅은 직장,
학계, 정부, 언론, 의료기관 등 다양한 영역에서 발생한다. 이 장에
서는 사회 각 분야에서 여성에게 가해지는 가스라이팅과 그것이
미치는 부정적 영향을 살펴볼 것이다.

"환자의 불안감을 무시하는 의사"

리아는 35세가 다 되어 아이를 임신했다. 수년간 노력한 끝에 드디어 아이를 갖게 된 부부는 기쁘고 감사했지만, 이전에 유산한 경험이 있어 조심스러웠다.

리아는 자신의 갑상샘 질환 때문에 그동안 임신이 되지 않았다고 여겼다. 그래서 유산 후 이 질병을 폭넓게 연구한 끝에 프로게스테론 좌약을 사용하면 현재의 임신 상태를 안정화하는 데 도움이 될 거라 확신했다. 그 약은 부작용이 거의 없는 대신 건강한 임신에 도움이 된다고 평가받고 있었다.

리아는 임신 6주 차에 병원에서 첫 진찰을 받았다. 그때 담당 의사에게 약에 대해 상의했더니, 의사는 혈액 검사를 해보자면서 8주 차가 되기 전에는 어떠한 약도 처방해줄 수 없다고 단호하게 거절했다. 의사는 "인터넷에 떠다니는 의학 지식을 과신해선 안 된다"며 **주의 전환** 전략을 썼다. 그러고는 자신이 구글 의사보다 더 좋은 대학을 나왔다고 덧붙였다. 리아가 이 농담에 웃지 않고 기분 나쁜 표정을 짓자, 그는 리아가 임신 때문에 신경이 곤두선 거라며 자연스러운 현상이라고 그녀를 안심시키려 했다.

의사와 대화를 나눈 이후 리아는 혼란스러웠다. 자신이 공부한 바에 따르면 약물 치료를 일찍 시작할수록 결과가 좋아, 8주 차까지 기다리면 위험할 것 같았다. 그녀가 다시 한번 강력하게 요구

했지만, 의사는 어떠한 약도 처방해주지 않았다. 그리고 그녀를 채혈실로 보내면서 2주 후에 보자고 했다. 리아는 통상 6~8주 차에 초음파 검사를 권하는 것으로 알고 있었기에, 너무 불안해 초음파 검사라도 받아보고 싶다고 말했다. 간절한 마음에 자신이 '노산'이라는 점까지 내세웠지만 의사는 아직 아무것도 나오지 않을 거라면서 또다시 거부했다.

일주일 후, 피 비침 현상이 나타났다. 그녀는 겁에 질려 병원에 전화를 걸었다. 병원에서는 착상 중에 출혈이 있는 건 정상이라면서(그 시기에 이미 일어났어야 하는 일이라고) 그녀를 안심시켰다. 리아가 진료를 받고 싶다고 간청한 끝에 겨우 약속을 잡았다. 이번에는 남편과 함께 방문했다.

진료실에 들어간 리아는 긴장되고 속이 메스꺼웠다. 마침내 주치의가 들어와서 맞은편 의자에 앉았다. 그러나 리아는 의사가 혈액 검사 결과를 자신이 아니라 남편을 보며 말한다는 걸 알아채고 혼란스러웠다. 임신한 사람은 리아인데, 의사는 마치 리아가 그 자리에 없는 것처럼 부인에게 프로게스테론을 처방해도 되겠느냐고 **남편**에게 물었다. 평소 아내의 성미를 잘 아는 남편은 자신이 대답해야 할지 망설이며 리아를 쳐다보다가, 의사에게 동의한다고 말했다.

그날 리아와 남편은 처방전을 손에 쥐고, 앞으로 갑상샘 수치를 어떻게 모니터링할지 계획을 세웠다. 리아는 늦은 나이에 임신했다는 사실에 감사하면서도, 자신의 의견이 무시되었다는 느낌을

가스라이팅에서 회복하기

지울 수 없었다. 이럴 거면 임신한 자기 대신 남편 혼자 진료실에 들여보내는 게 나을 뻔했다는 생각마저 들었다.

여성을 대상으로 한 의료기관의 가스라이팅

의료인이 환자의 의견을 비의학적 소견이자 감정적 추론이라고 무시하는 행위는 많은 여성이 경험하는 사회적 가스라이팅의 한 예다. NBC의 TV 프로그램 〈투데이쇼Today Show〉와 설문 조사 기관 서베이몽키SurveyMonkey가 2019년에 실시한 설문 조사에 따르면, 의료기관에서 부당한 대우를 받았다고 느끼는 여성은 17퍼센트인 반면, 남성은 6퍼센트에 불과했다.

10~19세 여성 청소년은 '과장이 심하고 지나치게 감성적이다' 혹은 '문란하다'는 편견 때문에 어릴 적부터 의료적 가스라이팅을 경험한다. 히포크라테스 선서에 적시된 '해를 끼치지 않을 것'이라는 말에는 어린 여성들의 자존감, 정서적 발달도 포함되지만, 현실에서는 그렇지 않은 경우가 많다.

구트마허 연구소Guttmacher Institute에 따르면, 2023년 기준 미국 내 9개 주에서 개별 의료 서비스 제공자에게 피임 수술 거부권을 허용하고 있다. 이런 조치는 성인 여성과 여성 청소년에게 개인의 신체에 대한 권한을 주지 않고, 다른 누군가가 대신해서 결정하도록 한 것이다. 여성의 신체에 대한 자기 결정권을 빼앗는 행위는 매우 위험한 형태의 가스라이팅이다.

의료계와 입법부가 여성은 스스로 합리적 선택을 할 수 없다고 판단하는 것은 여성에게 '히스테리적'이라는 꼬리표를 붙이는 것과 다를 바 없다.

"싱글맘에 대한 편견으로
  학부모를 몰아세우는 교사"

나탈리아는 어린 딸을 키우는 싱글맘이다. 이제 막 초등학교 2학년에 올라간 딸 소피는 혼혈에 이중 언어를 구사하는 무척 똑똑한 아이였다. 나탈리아가 보기에 소피는 활기차고 말이 많으며 모험심이 강했다. 모녀는 사이가 매우 좋아, 밤마다 딸의 침대에 나란히 앉아 이야기꽃을 피웠다. 나탈리아는 이혼 후 심리치료를 받고 있었다. 그녀는 이혼 과정이 매우 힘들었고 양육과 직장 생활을 병행하며 경영대학원까지 다니느라 많이 지쳐 있었다.

일이 바빠 소피의 학교 행사에 자원할 순 없었지만, 가능한 한 자주 방문하려 노력했다. 집에서는 딸의 숙제를 도왔고, 일이 없는 날에는 둘이 여행 다니며 소피의 성장과 교육에 관심을 쏟았다.

그러던 어느 날 잠들기 전에 딸을 꼭 안아주는데, 소피가 학교에 가기 싫다고 말했다. 이런 말을 한 건 처음이었다. 왜 그러느냐고 묻자, 딸은 자기도 잘 모르겠다며 대답을 피했다. 다음 날 나탈리아는 담임 교사에게 연락해, 교실에서 무슨 일이 있었는지 물었다. 담임 교사는 별다른 일이 없었다고 말했다.

그렇게 한 달이 지났지만, 소피는 여전히 등교를 거부하며 복통과 두통을 호소했다. 나탈리아는 이것을 불안의 징후로 여겨 학교 상담 교사에게 연락했다. 상담 교사는 면담에 동의하면서, 자신을 만나기 전에 자녀의 담임을 먼저 만나보라고 권했다. 그래서 나탈리아는 담임 교사와 면담 시간을 잡았다.

면담실에서 만난 담임은 이 학교에서 오랫동안 근무한 베테랑 교사였다. 담임은 따뜻한 사람 같았다. 진심으로 걱정스러워하며 소피가 집에서는 어떻게 지내는지 물었다. 나탈리아는 질문에 차례로 대답하다가, 담임이 학교생활에 대해서는 아무런 언급도 하지 않는다는 걸 알아챘다. 그녀는 이 점을 지적하며, 소피가 무엇 때문에 힘들어하는지 알고 싶다고 말했다. 그러자 담임의 태도가 급변했다. 담임은 싱글맘에 대한 **편견**을 들먹이며, 되레 나탈리아를 쏘아붙였다.

나탈리아는 혼란스러웠다. '내가 싱글맘이라는 말이 여기서 왜 나오지?' 집에서는 소피가 침울해한 적이 없었다. 문제는 학교였다. 담임은 계속해서 말을 이었다. "부모가 학교생활에 관여하지 않으면 힘들어하는 아이들이 있어요. 알고 계시는지 모르겠지만, 연구 결과를 보면 부모가 학교생활에 참여할수록 자녀가 또래 사이에서 인기를 얻고 자신감이 커진다고 해요."

나탈리아는 어이가 없었다. 소피가 학교에서 겪는 문제를 내 잘못이라고 **탓하는** 건가? 나탈리아의 걱정은 모두 무시되었고, 오히려 그녀에게 화살이 돌아왔다. 면담 시간 내내 이런 분위기였다. 그날 저녁, 나탈리아는 상담 교사에게 이메일을 보내 우려를 표했다. 다음 날 상담 교사는 담임의 말에 동의한다며, 자신은 '나탈리아의 딸과 같은' 아이를 많이 만나봤다는 답장을 보내왔다.

나탈리아는 마침내 뭐가 문제인지 알 것 같았다. 소피는 대단히 민감하고 직관력이 강한 아이였다. 나탈리아도 선생님들에게서 느낀 소외와 편견을 똑같이 감지했지만, 아직 초등학교 2학년이라서 자신이 느낀 바를 언어로 표현하지 못한 게 분명했다. 어쩔 수 없이 해당 학년은 그대로 마쳤지만, 나탈리아는 새로운 직장을 구해 서둘러 다른 학군으로 이사했다.

이듬해, 소피는 더 포용적이고 그들 모녀에게 어울리는 가치를 강조하는 학교로 전학했다. 첫날 수업이 끝나고, 나탈리아는 딸이 환한 미소를 지으며 버스에서 내리는 모습에 안도했다. 새 학교가 어땠는지 묻자, 소피는 이렇게 답했다.

"엄마, 난 이 학교가 너무 좋아. 빨리 내일이 왔으면 좋겠어."

사례 3
"흑인은 재즈를 잘 알 거라고 오해하는 교수"

멜라니는 어릴 적부터 음악을 좋아했고, 고등학교 때는 드럼을 쳤다. 대학 진학을 고민할 무렵, 그녀는 한 학교를 마음에 두고 있었다. 캐나다 토론토에 있는 대학이었다. 멜라니는 수년 전부터 내게 상담을 받고 있었다. 가정에 존재하는 트라우마와 그로 인한 불안 증세 때문이었다. 어머니는 캐나다에서 태어난 백인이고 아버지는 아프리카계 미국인이어서, 멜라니는 자신이 두 문화에 모두 속해 있다고 느꼈다. 그녀는 군인인 아버지를 따라 여러 지방을 돌아다니며 자랐다.

대학 생활이 시작되고 몇 주 지나 정기 상담을 받으러 온 멜라니는 은밀히 가해지는 가스라이팅 때문에 자퇴를 고민하고 있다고 털어놓았다. 음악사 수업을 신청했는데, 강의 계획서를 훑어보니 유색인종의 음악이 거의 포함되어 있지 않았다. 정통 재즈를 다루는 한 주를 제외하면, 한 학기 내내 백인 문화와 관련된 음악 수업으로만 채워져 있어 멜라니는 마음이 복잡했다.

그로부터 일주일 후, 이 대학에서 30년 가까이 강의해온 백인 남성 교수의 재즈 강의가 시작되었다. 교실 안을 둘러보니 교수뿐 아니라 수강생이 전부 백인이었다. 교수도 그 사실에 주목하는 것 같았다. 그는 강의하면서 자꾸만 멜라니에게 시선을 던졌다. 그러다가 세계적으로 영향을 끼친 어느 특정한 재즈 음악가에 대해 들어본 적이 있느냐고 모두를 향해 물었다. 아무도 대답하지 않자, 그는 멜라니 앞에 멈춰 서더니 그녀를 콕 집어 질문했다. "학생은 그 사람에 대해 들어본 적 있나?" 멜라니는 온몸이 굳어지며 불쾌감이 치솟았다. 그녀가 고개를 젓자, 교수는 더 이상 다른 학생들에게 묻지 않고 그대로 강의를 진행했다.

멜라니는 남은 시간 내내 마음이 불편했다. 교수가 특별히 심술궂게 대하거나 인종 비하적인 발언을 한 것은 아니지만, 왠지 부적절하다는 느낌이 들었다. 수업이 끝난 후, 그녀는 소지품을 정리하며 다른 학생들이 강의실에서 다 빠져나갈 때까지 기다렸다가 교수에게 다가가서 물었다. "흑인 음악에 대해 아느냐고 저한테만 물어보신 이유가 있나요?" 교수는 당황해서 곁눈질로 그녀를 보았다. 멜라니는 거기서 멈추지 않았다. "일부러 저를 지목하신 것 같아서 기분이 좋지 않았어요." 그녀는 이렇게 자신의 감정을 표현하며 깊은 한숨을 내쉬었다.

교수가 아무 말 없기에, 멜라니는 그가 잘못을 인정하리라 생각했다. 하지만 교수는 심호흡을 하더니 어색하게 웃음을 터뜨렸다. 교수는 자신이 그녀를 지목했다는 걸 **부인**하며, 다른 학생에게 물어본 거라고 거짓말했다. 그는 모든 학생을 똑같이 생각한다며, 함부로 그런 비난을 하지 말라고 했다. 이 말을 들은 멜라니는 다시한번 인종에 관한 불편한 감정에 휩싸였다.

멜라니는 혼란스러웠다. 분명히 나한테만 질문하지 않았던가? 이어서 교수는 교실 안 인종 구성이 너무 불편하면 수강을 철회해도 된다고 말했다. 그는 잘못을 바로잡거나 그녀를 인정하고 이해하는 대신 거짓말로 멜라니에게 책임을 돌려 그녀에게 문제가 있는 것처럼 비난했다. 교수는 멜라니에게 선택의 여지가 없다는 걸 알고 있었다. 그 수업은 전공 필수 과목이었고, 그는 그 강의를 맡은 유일한 교수였다.

남은 학기 동안 멜라니는 입을 다물고 조용히 지냈다. 그녀는 원래 자기 주장이 강하고 서슴없이 말하는 성격이라서 본성을 억누르느라 매우 힘들었다. 지도교수와 이 문제를 상의해볼까 잠시 고민했지만, 음대생은 자신만 빼고 전부 백인이라는 생각에 마음을 접었다.

"책임 전가로 문제 해결을 회피하려는 클라이언트"

로런은 한 직장에서 근속하며 홍보 분야에서 20년간 경력을 쌓았다. 그 덕분에 중간 간부인 어카운턴트 매니저 자리에 올라, 미국의 한 대형 식품 유통업체의 미디어 이미지를 관리하고 있었다. 홍보 업무가 바쁘지 않을 때는 사내에서 전문 팀을 관리했다.

혼자서 어린 두 딸을 키우는 그녀는 일을 매우 중요하게 여겼다. 가정과 직장에서 주변 사람들을 돕고 모두의 기분을 맞춰주며 누구에게나 적극적으로 공감하는 성격이었다. 그녀가 상담실을 찾아온 건 삶의 우선순위를 정하기 위해서였다. 가정의 트라우마와 이혼의 충격을 극복하려는 목적도 있었다.

어느 날 상담 시간에 로런은 극심한 스트레스를 호소하며 눈물을 흘렸다. 중요한 클라이언트가 부정적인 보도를 회피하고 있어, 로런이 그 뒷수습을 해야 했다. 그게 그녀의 업무였고, 로런은 그런 일에 능숙했다. 하지만 그 과정에서 예상치 못한 정서적 학대에 직면했다.

대형 언론사에 배포할 성명서를 준비하면서, 로런은 각종 보고서를 인용해 초안을 되도록 상세하게 작성했다. 완성된 문서를 클라이언트에게 보내 허가를 요청하자, 분노와 혐오, 적의가 가득한 이메일이 돌아왔다. 클라이언트는 전화를 걸어 로런에게 '멍청하다'고 욕하며, 그녀가 보고서의 수치를 조작했다고 비난했다. 그는 **고의적 무시** 전략을 이용해 로런의 지능과 양심을 조롱하고, 그 성명서가 말이 된다고 생각하느냐며 되물었다. 로런은 어리둥절할 수밖에 없었다. 그녀는 열심히 조사해 오직 사실만 인용한 것이었다. 클라이언트는 이 뉴스가 보도되는 게 두렵다고 인정하는 대신, 이런 문제가 발생한 걸 전부 그녀 탓으로 돌렸다. 그저 사실을 전달하는 입장에 있는 그녀로서는 너무나 터무니없는 소리였다. 그는 로런이 기사를 퍼뜨린다면 명예훼손으로 고발하겠다고 위협했다. 로런은 정서적 조종과 진실 사이에서 갈피를 잡을 수 없었다. 자신을 의심하기까지 했던 그 순간을 떠올리며 로런은 눈물을 펑펑 쏟았다.

현재 상황을 곰곰이 따져본 로런은 클라이언트가 그녀의 능력에 의문을 제기한 건 옳지 못하며, 그에게 정서적 조종을 당할 이유가 없다는 걸 깨달았다. 그렇지만 진실을 전부 밝혔다가 보복당할까 두렵기도 했다. 그래서 성명서의 기조는 그대로 유지하되, 일부 내용을 생략했다. 그때부터 로런은 주위에 방어벽을 치고 사무적인 교류 외에는 최대한 그를 멀리했다. 그리고 그의 연락책을 다른 팀원으로 바꾸고, 꼭 필요한 경우에만 관여했다. 다른 업무에 집중하며 그 회사 일에는 가능한 한 신경을 쓰지 않았다.

가스라이팅에서 회복하기

그간 겪은 일을 기록하고 조언을 구하자 　　●

권력은 가스라이팅의 주된 동기이며, 사회적 가스라이팅의 경우도 예외가 아니다. 권력을 가진 사람이 다른 사람의 안녕을 책임질 때는 지위와 자부심, 권력욕을 내려놓을 필요가 있다. 그러는 편이 자신의 성장에도 도움이 된다.

네 가지 사례 모두 권력자들이 여성의 말을 듣지 않은 데서 문제가 시작되었다. 그들은 여성이 지닌 정보와 결의, 감수성, 정체성, 개인적 경험에 이의를 제기하고, 이를 **경시**했다.

스티븐 코비Stephen Covey는 베스트셀러 《성공하는 사람들의 7가지 습관》에서 경청의 힘을 강조한다. 우리는 상대방의 말에 귀를 기울이거나 이해하려 들지 않고 단순히 대답하기 위해 듣는 데 습관이 되어 있다. 그 결과, 오해와 갈등이 빚어지고 서로 공감하지 못해 개인이나 집단이 소외된다.

정보가 잘못되었을 때, 자료나 연구가 부족할 경우 사회적 가스라이팅을 방지하려면 "저는 잘 모르겠네요, 한번 조사해보겠습니다"라고 말해야 한다. 아니면 "당신 일이니까 당신이 제일 잘 알거예요, 그러니 좀 더 말해보세요"라며 다른 사람에게 주도권을 넘기는 편이 좋다. 권력을 가진 사람은 자신의 권력을 기꺼이 나눠줘야 한다. 의료계에서 이런 일을 실천한다면 여성을 위한 연구와 의료 지식이 늘어나고 여성의 선택권이 향상될 것이다.

인종 차별적 가스라이팅에도 같은 논리가 적용된다. 유색인종 여성의 가치를 인정하고 이해하는 대신 차별과 편견으로 일관하면, 이 문제는 영원히 해결될 수 없다. 그들의 의견과 이야기, 개인적 경험을 무시해서는 안 된다. 권위 있는 자리에 앉은 사람들은 전문 지식과 기술에 대한 자신감 못지않게 문화적 겸손함을 갖춰야 한다. 자신이 모르는 부분을 배우려는 열망, 내가 틀렸을지도 모른다는 사실을 인정하는 능력이야말로 사회적 가스라이팅을 타개할 해결책이다.

사회적 가스라이팅에 저항하기

ABC 뉴스의 의학 전문 기자 제니퍼 애슈턴Jennifer Ashton은 여성과 유색인종을 상대로 한 사회적 가스라이팅을 취재한 후, 의사가 질병에 대한 당신의 염려를 무시한다고 느껴지면 다음과 같이 행동하라고 조언했다.

- 문제가 발생한 시점으로 최대한 거슬러 올라가 증상을 기록한다.
- 의사에게 이렇게 물어본다. "선생님이 환자로서 이런 증상을 겪고 있다면, 의사에게 어떤 질문을 하시겠어요?"
- 가능하다면 2차 혹은 3차 소견을 구한다.

의료적 가스라이팅뿐 아니라 다른 경우에도 자신이 겪은 일을 기록하고 다른 사람(회사의 홍보부서나 대학의 지도교수 등)의 조언을 구하면 가해자로부터 자신을 보호할 수 있다.

2부에서는 치유를 독려하는 다양한 방법을 소개한다. 이런 방법을 잘 활용하면 마음 챙김, 자기 자비, 자기 제어, 자기 수용 능력을 높이고, 자기 표현력을 증진하며, 바운더리 설정을 강화할 수 있다. 이는 가스라이팅과 정서적 학대를 치유하는 데 꼭 필요한 요소들이다.

'알아차림'은 변화의 첫 단계다. 5장과 6장에서는 과거 트라우마와 정서적 학대에 정면으로 맞서는 방법을 제시할 것이다. 7장은 당신을 속박하고 있는 건강하지 못한 패턴을 분별하고, 치유를 통해 자아감을 키워나가도록 용기를 북돋울 것이다.

각 장에서 제시하는 일부 테스트가 조금 어렵게 느껴지면 서두르지 말고 천천히 진행하라. 감정 상태를 살피며 기대 수준을 조절하라. 치유는 지극히 개인적인 과정이니, 각자 자기 나름의 속도와 시간표를 따르면 된다.

PART TWO

가스라이팅에서 벗어나
마음 치유하기

네가 너를 사랑하는 방식대로
남들도 널 사랑하게 돼 있어.
_루피 카우르Rupi Kaur,《밀크 앤 허니》

CHAPTER 5

과거의 트라우마와
직면하기

이 장에서는 대인 관계적 트라우마가 당신의 삶과 건강, 삶의 질에 어떤 영향을 미치는지 살펴볼 것이다. 트라우마는 유년기부터 시작되는 경우가 많으며, 한 세대에서 다음 세대로 전달된다. 그로 인해 애착을 방해하는 상처가 생기고, 다른 사람을 신뢰하지 못하거나 욕구를 표현하지 못한다. 이러한 트라우마적 애착 패턴을 극복해야 건강한 관계를 구축할 수 있다. 여기서 배운 지식을 현재와 미래의 관계에 적용해보자.

소문자 't' 트라우마와
대문자 'T' 트라우마

치명적인 사건이 발생한 시점에 제대로 대응하지 못하면 트라우마 반응이 생겨난다. 상황에 맞서 싸우거나 거기서 벗어날 수 있는 개인의 능력, 회복탄력성(어려운 일에 대처하는 능력), 주변의 도움, 장기적 손상(사랑하는 사람의 죽음이나 신체 능력 상실 등) 정도에 따라 트라우마의 지속 여부가 달라진다.

신체적 안전을 위협하지 않는 트라우마는 '외상'이 아니라고 종종 무시되지만, 어떤 경우에도 도움과 치료가 필요하다. 자신의 트라우마 유형을 알면, 자신이 겪은 경험의 영향을 확인하고 회복과 치유를 촉진할 수 있다.

배울 내용
- 외상 후 스트레스 장애PTSD와 정신 건강을 논할 때 간과하기 쉬운 대인 관계적 트라우마를 식별하는 방법
- 소문자 't'와 대문자 'T' 트라우마의 차이

준비 사항
- 편안하게 집중할 수 있는 10분의 시간
- 당신의 삶을 가로막는 현재와 과거의 트라우마에 관한 기억

최근 연구에서 사건 자체보다 개인이 그 경험을 어떻게 인식하느냐가 트라우마와 더 연관이 깊다는 사실이 밝혀졌다. 인간의 신체 감각과 신념, 생각을 압도하는 특수하고 이례적인 사건으로 생명에 잠재적 위협을 끼치는 장애를 대문자 'T' 트라우마라고 한다.

대문자 'T' 트라우마는 쉽게 트라우마로 판별되지만 그렇지 않은 유형도 있다. 인간으로 살아가는 것만으로도 우리는 소문자 't'

트라우마에 수시로 노출된다. 소문자 't' 트라우마는 폭력이나 재난과 관계없지만, 종이에 1,000번 베이는 것과 같은 고통을 준다.

연습하기

다음은 당신이 겪었을 가능성이 있는 소문자 't'와 대문자 'T' 트라우마 사건의 점검표다. 자신이 견뎌온 상처를 인정하고 거기에 걸맞은 이름을 붙여주는 것은 치유 과정에서 중요하다.

양쪽 목록을 살펴보고, 자신이 경험한 트라우마 옆에 표시해보자. 트라우마를 둘러싼 세부 사항을 전부 기억할 필요는 없다. 가령 어릴 때 겪은 일이라고 전해 들었을 뿐, 자세한 내용을 기억하지 못해도 괜찮다. 시작과 중간, 끝이 분명한 이야기와 달리 트라우마는 이미지와 신체 감각으로 저장되어 있기 때문이다.

소문자 't' 트라우마 경험

_____ 이별

_____ 애완동물의 죽음

_____ 실직

_____ 협박

_____ 또래 집단의 따돌림

_____ 이사

_____ 정서적 학대

대문자 'T' 트라우마 경험

_____ 성폭력/성희롱

_____ 자연재해

_____ 집을 잃음

_____ 살인 현장 목격

_____ 사랑하는 사람의 죽음

_____ 신체적 학대

_____ 어린 시절의 학대/방치

_____ 소외감   _____ 전쟁

_____ 가스라이팅   _____ 폭력 범죄

_____ 생명에 지장 없는 작은   _____ 심각한 자동차 사고
　　　 부상   _____ 질병이나 수술

　소문자 't' 트라우마는 노출 시간과 빈도에 비례해 악화된다. 스트레스가 심한 사람일수록 이런 트라우마로 인해 회복탄력성이 약해진다. 트라우마에 관한 자신의 감정을 표현하는 등 회복탄력성을 높이는 기술을 연습하면 부정적 영향을 줄일 수 있다.

　대문자 'T' 트라우마는 우리가 맞서 싸우거나 특별한 조처를 할 수 없는 경우 더욱 심해진다. 트라우마 증상은 흔히 사건이 발생하고 처음 한 달 동안 일어나지만, 증상이 3개월 이상 지속되고 일상생활이나 대인 관계를 방해한다면 PTSD의 징후를 의심해볼 수 있다. 그런 경우에는 의료기관을 찾아 추가적인 지원과 검사를 받는 것이 좋다.

아동기 트라우마를 알아보는 ACE 테스트

배울 내용
- 어린 시절 트라우마가 미래 건강에 미치는 영향
- 회복탄력성을 높이고 부정적 경험의 영향을 완화해주는 치유 수단

준비 사항
- 편안하게 집중할 수 있는 10분의 시간
- 트라우마에 관한 기억(모든 걸 기억할 필요는 없음)
- 일기장(선택 사항)

1만 7,000명 이상을 대상으로 아동기 트라우마를 조사한 ACE 연구(1995~1997)는 오늘날까지도 트라우마의 치료와 그것이 건강에 미치는 영향에 관해 중요한 정보를 제공한다. 대다수 병원과 연구소에서 트라우마의 수준과 위험 요인을 평가하는 데 ACE 테스트를 사용한다. 이 연구는 다양한 학대와 방치, 그 밖의 힘들었던 경험에 대한 합계를 통해 아동기의 부정적 경험들과 이후 신체 및 정신 건강의 상관관계를 정확하게 예측한다.

ACE 지수로 모든 미래를 예상할 수는 없지만, 유용한 지침으로 사용할 수는 있다. 이 테스트에서는 당신이 현재 어떻게 살고 있는가 하는 점을 고려하지 않는다. 미래에 얼마나 건강한 삶을 살 수 있느냐는 현재 당신에게 달려 있다.

연습하기

ACE 지수

18세 이전 성장기에 다음과 같은 일을 겪었나요?

1. 같이 사는 부모님이나 어른이 자주 혹은 매우 자주 a) 당신을 욕하거나, 모욕하거나, 비하거나, 수치심을 주었나요? 혹은 b) 당신에게 신체적으로 두려움을 주는 행위를 한 적이 있나요?

만약 그렇다면, 옆에 표시하세요. _____

2. 같이 사는 부모님이나 어른이 자주 혹은 매우 자주 a) 당신을 밀거나, 움켜잡거나, 때리거나, 당신에게 뭔가 던진 적이 있나요? 혹은 b) 부상이 생길 만큼 심하게 구타한 적이 있나요?

만약 그렇다면, 옆에 표시하세요. _____

3. 어른이나 당신보다 다섯 살 이상 많은 사람이 a) 당신을 애무하거나 자기 몸에 성적 접촉을 하도록 강요한 적이 있나요? 혹은 b) 당신과 구강, 항문, 질 성교를 시도하거나 실제로 한 적이 있나요?

만약 그렇다면, 옆에 표시하세요. _____

4. 자주 혹은 매우 자주 a) 가족 중에 당신을 사랑하거나, 중요하게/특별하게 여겨주는 사람이 없다고 느꼈나요? 혹은 b) 가족들이 서로 보살펴주거나, 친밀감을 나누거나, 힘이 되어준다는 느낌을 받지 못했나요?

만약 그렇다면, 옆에 표시하세요. _____

5. 자주 혹은 매우 자주 a)배불리 먹지 못하거나, 더러운 옷을 입어야 하거나, 당신을 돌봐줄 사람이 없다고 느꼈나요? 혹은 b)부모님이 술이나 약에 취해 당신을 돌보지 않거나, 아플 때 병원에 데려가지 않았나요?

만약 그렇다면, 옆에 표시하세요. _____

6. 부모님이 별거나 이혼을 한 적이 있나요?

만약 그렇다면, 옆에 표시하세요. _____

7. 어머니 혹은 새어머니가 a)자주 혹은 매우 자주 당신을 밀거나, 움켜잡거나, 때리거나, 당신에게 뭔가 던졌나요? 혹은 b)가끔, 자주 혹은 매우 자주 당신을 발로 차거나, 깨물거나, 주먹으로 치거나, 딱딱한 물건으로 때렸나요? 혹은 c)오랫동안 계속해서 때리거나 흉기로 위협한 적이 있나요?

만약 그렇다면, 옆에 표시하세요. _____

8. 술버릇이 있거나 알코올에 의존하는, 혹은 마약을 복용하는 사람과 함께 살았나요?

만약 그렇다면, 옆에 표시하세요. _____

9. 가족 중에서 감옥에 간 사람이 있나요?

만약 그렇다면, 옆에 표시하세요. _____

10. 가족 중에 우울증이나 정신 질환을 앓은 사람, 혹은 자살을 시도한 사람이 있나요?

만약 그렇다면, 옆에 표시하세요. _____

"그렇다"고 표시한 항목을 모두 더하세요. _____
이것이 당신의 ACE 지수입니다.

ACE 지수 해석

ACE 지수가 1~3점이지만 특별한 질환(심한 알레르기나 천식 등)이 없다면, 독성 스트레스_{toxic stress}(지원 시스템 없이 장기간 지속되는 스트레스)의 위험은 중간 정도다. ACE 지수가 1~3점이면서 ACE와 관련된 질환이 하나 이상 존재할 경우, 혹은 ACE 지수가 4점 이상이면 독성 스트레스의 위험이 크다(더 중대한 신체 혹은 정신 질환으로 발전할 가능성이 있다).

ACE 지수를 확인하다 보면 과거의 트라우마가 구체적으로 형상화되어 마음이 무거워질 수 있다. 하지만 이 지수는 당신이 이제껏 회복을 위해 애쓴 결과를 의미하는 게 아니다. 회복탄력성을 높이기 위한 당신의 모든 노력은 정서와 신체 건강에 긍정적인 영향을 줄 수 있다.

ACE 지수를 당신이 겪어온 학대 사이클을 깨는 계기로 활용하라. 이를 통해 지금까지 당신이 극복해온 것들을 인정하고, 자기 자신을 이해해주고 자기 자비를 실천하라.

내가 트라우마 결속에 묶여 있는지 확인하려면 ●

배울 내용
- 트라우마 결속이 형성되는 이유와 그것이 지속되는 방식
- 트라우마 결속의 전형적인 징후와 특징을 알아보는 방법

준비 사항
- 편안하게 집중할 수 있는 10분의 시간
- 당신을 걱정스럽게 했던 관계의 기억

미국 가정폭력 핫라인에 따르면, 폭력 생존자가 가해자를 완전히 떠나기까지 평균 7회 이상 탈출을 시도한다. 문제의 핵심은 학대 사이클의 근본적 요소인 트라우마 결속이다. 학대 사이클은 갈등 조성, 폭발/학대, 화해/개선, 친밀/평온의 4단계로 구성된다 (3장 51쪽 그림 참고).

트라우마 결속은 모든 종류의 관계에 존재한다. 하지만 관계 회복을 위한 애정 공세가 부정적 측면을 가려 알아차리기 어렵다. 트라우마 결속을 이해하면, 건강한 관계를 유지하기 위해 어떤 선택을 하고 그렇지 못한 관계는 언제 끝내야 하는지 깨닫는 데 큰 도움이 된다.

연습하기

다음 문항들은 트라우마 결속의 일반적인 특징과 피해자들이 흔히 경험하는 감정에 관한 것이다. 잠시 숨을 고르며 자책감을 덜어내고, 자신에게 자비로운 마음으로 각 질문에 솔직히 답해보자. 해당하는 답안에 표시하면 된다.

1. 상대방에게 애정과 그리움을 느끼지만 그 사람이 당신에게 한 행위를 생각하면 격렬한 분노를 느끼나요?

   네, 그럴 때가 있어요. _____

   아니요, 전혀 그렇지 않아요. _____

2. 상대방이 당신을 괴롭히는데도 그 사람이 해준 일 때문에 빚을 지고 있다고 느낀 적이 있나요(집이나 차를 샀다든지, 교육비나 보험료를 내줬다든지, 그 밖의 재정적 도움 등)?

   네, 그럴 때가 있어요. _____

   아니요, 전혀 그렇지 않아요. _____

3. 상대방이 성숙하고 더 나은 사람이 되도록 도와야 한다는 책임감을 느끼나요? 만약 그렇다면, 그런 노력이 실패했을 때 분노나 죄책감을 느끼나요?

   네, 그럴 때가 있어요. _____

   아니요, 전혀 그렇지 않아요. _____

4. 상대방을 행복하게 해줘야 한다는 책임감 때문에, 당신이 떠나면 그 사람이 잘못될까 봐 걱정한 적이 있나요?

   네, 그럴 때가 있어요. _____

   아니요, 전혀 그렇지 않아요. _____

5. 상대방의 건강하지 못한 행동을 변명하거나 축소하면서 그 사람을 두둔하는 자기 자신을 발견한 적이 있나요?

네, 그럴 때가 있어요. _____

아니요, 전혀 그렇지 않아요. _____

6. 상대방의 기분을 맞춰주거나 평화를 깨지 않으려고 자신도 모르게 눈치를 보나요?

네, 그럴 때가 있어요. _____

아니요, 전혀 그렇지 않아요. _____

7. 당신이 현재 혹은 과거에 한 일 때문에 부정적 반응이나 대우를 받는 것이 과연 올바른 일인지 의문을 품어본 적이 있나요?

네, 그럴 때가 있어요. _____

아니요, 전혀 그렇지 않아요. _____

8. 자주 죄책감을 느끼도록 강요당하나요?

네, 그럴 때가 있어요. _____

아니요, 전혀 그렇지 않아요. _____

9. 상대방을 떠나는 걸 상상하거나 실제로 시도했으나, 어떤 두려움 때문에(버림받을까 봐, 경제적으로 어려워질까 봐, 혼자가

될까 봐, 다른 사람들의 시선이 겁나서 등) 포기한 적이 있나요?

네, 그럴 때가 있어요.   _____

아니요, 전혀 그렇지 않아요.   _____

10. 상대방에게 (신체적, 정서적, 성적, 정신적, 재정적으로) 통제당한다고 자주 느끼나요?

네, 그럴 때가 있어요.   _____

아니요, 전혀 그렇지 않아요.   _____

그렇다고 대답한 항목이 3개 이상이면, 당신은 트라우마 결속을 경험하고 있을 가능성이 크다. 그러나 사례마다 심각성이 다르므로 해당하는 항목이 1개일 때도 잠재적 트라우마 결속이 안전을 위협하고 힘의 불균형을 초래할 수 있다.

트라우마가 애착에 미치는 나쁜 영향

배울 내용
- 애착의 4가지 기본 유형
- 트라우마가 애착 유형에 미치는 영향
- 더욱 안정적인 애착을 형성하기 위해 알아둬야 할 안정형 애착의 특징

준비 사항
- 편안하게 집중할 수 있는 15분의 시간
- 자신의 대인 관계 돌아보기
- 종이와 펜

애착 이론은 1950년대 존 볼비John Bowlby가 처음 고안하고, 훗날 메리 에인스워스Mary Ainsworth가 더욱 발전시켰다. 주로 어머니와 자녀의 애착에 초점을 둔 에인스워스는 건강한 애착이란 "세상을 탐색할 수 있는 안전 기지"라고 정의했다. 애착 이론은 기본적으로 양육자와의 유대를 지속하는 것이 영아의 본질적 목표라고 본다. 커플과 가족 상담사 제시카 바움Jessica Baum은 《나는 왜 사랑할수록 불안해질까》에서 우리는 '진정한' 나 자신이 될 수 있는 관계 안에서 "내면이 더욱 깊어지고, 자기 모습 그대로 받아들여지는 기쁨을 맛볼 수 있다"라고 말한다.

성인기의 애착은 관계 안에서 요구 사항이 충족되는 것으로 변한다. 안정적인 애착은 자신의 욕구와 필요를 요청하는 방식으로 감정을 표현하고, 바운더리를 설정하며, 신뢰할 수 있는 사람을 골라 함께 시간을 보내는 것이다. 안정적인 애착을 구축할수록 상대에게 버림받을지도 모른다는 두려움이 줄어들기 때문에, 더욱 독립적이고 진실하게 행동할 수 있다.

자신의 애착 유형을 알고 있으면, 현재와 미래의 관계에 대처하

안정형 　　　　　　 회피형

불안-양가형 　　　　　 혼란형

는 데 도움이 된다. 존 볼비는 애착을 **안정형, 회피형, 불안-양가형, 혼란형**과 같이 4가지로 유형화했다. **안정형 애착**은 자신의 욕구와 감정을 표현하고, 이를 신뢰하며, 자신과 상대방의 자주성을 인정한다.

그럼 트라우마로 인해 형성되는 3가지 '불안정' 애착 유형을 살펴보자.

회피형 애착

거리를 두거나 무심하게 군다. 상대가 친밀감이나 연약함을 앞

세워 다가오면 불안해한다.

불안-양가형 애착

상대의 의도와 감정, 그리고 관계의 현 상태에 집착한다. 끊임없이 불안해하다가 과도한 사고와 걱정에 압도되면 양가적인 모습을 드러내기도 한다.

혼란형 애착

대인 관계적 복합 트라우마를 겪은 뒤 흔히 발생한다. 친밀감을 두려워하고 회피하는 한편, 버림받는 것을 무서워한다.

아이들은 필요가 충족되지 않으면 친밀감을 재확립하기 위해 자신의 행동을 조정하는데, 그 과정에서 본인에게 유익하지 않은 방법을 사용하기도 한다.

아이가 양육자에게 자주 혼나는 경우를 가정해보자. 양육자와 함께 있을 때 불안한 아이는 자신이 '사랑스럽지 않다'고 비난받을까 두려워 감정을 잘 표현하지 않는다. 따라서 양육자의 생각에 개의치 않는 것처럼 행동하고, 강렬한 감정이나 불안을 느낄 때마다 회피적으로 변한다.

성인기가 되면 비난받는 것이 두려워 친밀한 관계를 맺지 않고 자신과 가까워지려는 사람들을 밀어낸다. 이런 유형은 연애할 때 자신을 무시하거나 '비싸게 구는' 사람에게만 관심을 보인다.

다음은 각각의 애착 유형에서 흔히 발견되는 10가지 특성이다. 과거와 현재의 여러 관계를 돌아보며, 자신에게 해당하는 항목에 표시한다. 그리고 각 유형에서 자신이 표시한 항목의 수를 세어본다. 가장 많은 표를 얻은 유형이 당신의 작동 모델에 가깝다.

안정형 애착

_____ 친밀한 관계에서 편안함을 느낀다.

_____ 도움이 필요하면 파트너에게 의존한다. 반대 경우도 마찬가지다.

_____ 파트너가 잠시 떨어져 있자고 해도 거부당한 기분이나 위협을 느끼지 않고 받아들인다.

_____ 친밀한 동시에 독립적인('독립-의존적') 관계를 맺을 수 있다.

_____ 신뢰하고, 공감하며, 차이에 관대하다.

_____ 용서를 잘한다.

_____ 감정과 욕구를 터놓고 이야기한다.

_____ 파트너의 요구에 맞춰 적절히 대응한다.

_____ 갈등 상황에서도 현재에 집중한다.

_____ 관계 문제에서 감정을 관리할 수 있다.

합계 _____

회피형 애착

_____ 감정적으로 거리를 두고, 친밀감을 거부하며, 파트너에게 속을 터놓지 않는다.

_____ 언제나 자신보다 파트너 쪽에서 더 깊은 친밀감을 요구한다.

_____ 친밀감을 독립성 상실과 동일시해, 함께 있는 것보다 혼자 있기를 선호한다.

_____ 파트너에게 기대지 못하고, 상대가 자신에게 '의지하지' 못하게 한다.

_____ 대화가 이지적이고, 감정을 말할 때 불편하다.

_____ 충돌을 피하지만, 어쩌다 그런 상황이 되면 격정적으로 변한다.

_____ 감정의 폭이 좁다(냉담하고, 신중하고, 금욕적이다).

_____ 혼자 있기를 좋아한다.

_____ 감정에 휘둘리지 않아 위기 상황에 강하다.

_____ 책임감이 강하다.

합계 _____

가스라이팅에서 회복하기

불안-양가형 애착

_____ 친밀한 관계에서 불안해하고, 거절당하거나 버림받는 걸 두려워한다.

_____ 관계에 집착한다.

_____ 애정에 굶주려 끊임없이 확인하고 파트너가 옆에 붙어 있어야 한다.

_____ 해결되지 않은 과거 문제가 관계에 대한 현재 인식에 지속적으로 영향을 끼친다.

_____ 파트너의 기분과 행위에 매우 민감해 상대의 행동에 쉽게 기분이 상한다.

_____ 매우 감정적이어서 때로는 시비를 걸고, 공격적이며, 화를 내고, 상대를 지배하려 한다.

_____ 바운더리가 거의 없다.

_____ 대화를 주고받기보다 자기방어적이다.

_____ 불안감을 느끼면 상대에게 책임을 돌린다.

_____ 종잡을 수 없고 감정 기복이 심하다. 갈등을 통해 타인과 소통한다.

합계 _____

혼란형 애착

_____ 과거의 트라우마로 인해 해결되지 않은 심적 경향과 감정이 남아 있다.

_____ 관계를 맺을 때 정서적 친밀감을 견디지 못한다.

_____ 따지는 것을 좋아한다.

_____ 감정 조절이 어렵다.

_____ 폭력적이고 역기능적인 과거 관계의 패턴을 되풀이한다.

_____ 의도치 않게 떠오르는 트라우마의 기억과 그것을 떠올리게 하는 트리거가 있다.

_____ 갈등 상황에서 고통을 피하려고 자기 자신과 분리되는 해리 현상이 일어난다.

_____ 반사회적 성격이어서 공감과 죄책감을 잘 느끼지 못한다.

_____ 공격적이며 상대에게 벌을 주려고 한다.

_____ 상처받는 것이 두려워 자신의 욕구를 최우선으로 한다.

합계 _____

주의 사항

• 애착은 상태적 특성(일반화할 수 있는 사고, 감정, 행동의 특징적 패턴)이 아니라, 과거 관계의 결과로 학습된 반응 패턴이

가스라이팅에서 회복하기

다. 이런 패턴이 현재 관계에 영향을 끼치더라도 안전한 관계에서 안정적인 애착을 발전시켜나갈 가능성은 얼마든지 있다.

• 과거의 트라우마적 관계 때문에 혼란스럽고 불안정한 패턴이 형성되어도, 우리의 뇌는 이를 재배열할 능력을 가지고 있다. 뇌가 성장하는 과정에서 스스로 재구성하며 변화하는 신경가소성이라는 특성 때문이다. 신념, 습관, 새로 익힌 기술뿐만 아니라 애착 유형도 음악의 리듬처럼 반복될수록 힘이 강해진다.

• 스탠퍼드 대학교의 앤드루 휴버먼Andrew Huberman 교수에 따르면, 비수면 명상 휴식Non-Sleep Deep Rest, NSDR 형태로 수면이나 휴식을 취하며 새로운 행동을 집중적으로 따라 하면 긍정적인 신경망을 강화할 수 있다.

• 서로 다른 관계에서 다른 애착 유형이 나타나기도 한다. 예를 들어, 우리는 안전하게 느껴지는 건강한 관계에서 자신을 더 많이 드러낸다(안정형 애착). 반면에 나의 감정을 무시하고 자기 잘못을 내 탓으로 돌리는 가스라이팅 가해자 앞에서는 **방어적인 유형**으로 변한다. 해로운 관계에서 갈등이 발생하면, 과거에 자신을 안전하게 지켜줬던 유형이 가장 많이 표출된다.

• 건강한 관계에서도 위협을 느끼거나 트리거가 생기면 언제든 방어적 유형이 표면화될 수 있다. 애착 유형을 다른 사람

과 공유하고, 자신이 부정적으로 반응한다 싶으면 상대방과 대화를 나눈다(예를 들어, 나는 숨이 막히면 상대를 밀어낼 수 있다고 파트너에게 알려준다. 혹은 상대에게 비난을 돌리지 않는 건강한 방식으로 나만의 공간을 요구할 수 있다).

- 아미르 레빈Amir Levine과 레이철 헬러Rachel Heller는 획기적인 저서 《그들이 그렇게 연애하는 까닭》에서 특정한 애착 유형, 특히 불안-양가형 애착과 회피형 애착은 합이 잘 맞지 않는다고 말한다. 두 유형의 모순된 특성이 서로를 자극하기 때문이다. 자극이 일어나면 쌍방 모두 불안감을 느끼고 트라우마가 활성화되어 안전하고 건실하며 신뢰감 있는 교제를 하기가 어렵다.

가스라이팅에서 회복하기

트라우마 반응을 측정하는
주관적 고통 지수SUDS

트라우마에서 회복 중인 사람에게 안전하지 않거나 통제력을 잃어버린 듯한 느낌은 치명적이다. 트라우마는 신체에 각인되며, 트라우마를 경험한 신체는 스트레스에 훨씬 취약하기 때문이다. 신체적 트라우마 증상은 간혹 생뚱맞은 것처럼 보이기도 한다. 이런 증상이 발현됐을 때 가장 좋은 대처법은 일시적으로 지나가는 반응이라고 인식하는 것이다.

배울 내용
- 고통 및 트라우마 반응과 연관된 신체 증상
- 주관적 고통 지수를 활용해, 스트레스를 받을 때 지각력과 회복력을 높이는 방법

준비 사항
- 편안하게 집중할 수 있는 10분의 시간
- 주관적 고통 지수 측정표
- 종이와 펜

트라우마 반응의 측정법으로는 심리학자 조지프 울프Joseph Wolphe가 1950년대에 개발한 '주관적 고통 지수Subjective Units of Distress Scale, SUDS'가 대표적이다. 주관적 고통 지수는 개인이 현재 겪고 있는 장애나 고통의 주관적 강도를 0~10점으로 평가하는 자가 진단 척도다. 트라우마 반응의 강도를 판단하고, 신체에 더 강한 고통을 주는 트리거를 밝히는 데 도움이 된다. 나는 경험상 4점 이상의 고통을 겪는 내담자에게 그라운딩 기법이나 기타 대응 전략을 권한다. 7점 이상이면 더욱 적극적인 개입이나 외부의 지원이 필요하다.

주관적 고통 지수 온도계를 사용하면 고통의 주관적 단위를 시각화하는 데 도움이 된다. 누군가에게 심각한 트리거가 되는 일이 다른 사람에게는 그렇지 않을 수 있다.

이 테스트는 0에서 시작해, 각각의 척도에 해당하는 기분이나 경험을 적어나간다(예를 들어, 0은 명상이나 낮잠 등). 너무 서둘러 높은 점수를 주지 않도록 유의한다. 예를 들어, 직장 동료와의 갈등이 처음에는 70점처럼 느껴져도 더 강렬한 경험(사랑하는 사람의 죽음 등)에 비춰보면 점수를 낮춰야겠다고 생각될 것이다. 이는 매우 정상이며, 자신의 주관적 고통 지수를 알아가는 과정이라고 할 수 있다. 특히 트라우마를 경험한 사람들은 고통에 관한 저항력이 줄어들어 보통 낮은 수준으로 평가되는 일(직장에 지각하는 일 등)에도 의외로 강렬한 반응을 보일 수 있다.

고통 지수를 작성할 때는 친절하고 온화하며 호기심 넘치는 태도로 임한다. 작성 과정에서 마음이 힘들어지면, 8장과 9장으로 넘어가 자신감과 자기애를 연습한 뒤에 다시 돌아오라.

고통의 신체적 증상(및 신체적 트라우마 반응)

- 식은땀
- 심장이 두근거리고 몸이 떨림
- 호흡이 가쁘거나 불규칙하며, 숨을 깊게 들이마시지 못함

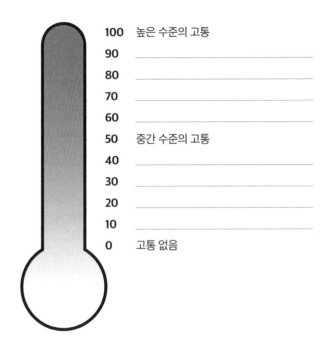

100   높은 수준의 고통
90
80
70
60
50   중간 수준의 고통
40
30
20
10
0   고통 없음

- 신체적 동요(서성거림, 이를 꽉 묾, 근육 긴장)
- 배탈이나 식욕 부진
- 혼란스러운 상황이나 주변 환경으로부터 해리
- 피로

　자신만의 주관적 고통 지수가 완성되면, 향후 스트레스가 많은 상황에 참고할 수 있다. **지금 이 상황에서 내 주관적 고통 지수가 얼마나 되는지** 자문해본다. 40도에 가까워지면 가능한 한 빨리 대처법을 꺼내 든다. 호흡법, 정신적 그라운딩 기법(10부터 거꾸로 세기, 주변 공간의 시각적 특성에 주목하기 등), 움직임을 통한 신체적 긴장 해소(팔 굽혀 펴기, 산책, 얼굴에 시원한 물 뿌리기, 춤추기 등), 휴식 등이 효과적이다. 고통 수준이 40도 이하로 낮을 때도 이와 같은 방법으로 스트레스를 관리하면 잠재적 트리거를 예방할 수 있다.

어떤 감정도 최종적인 것은 아니며, 스트레스 역시 마찬가지라는 사실을 기억하자. 고통이 누그러지는 순간을 잘 관찰하면(주관적 고통 지수가 내려가는 것으로 확인) 스트레스에도 시작과 중간, 끝이 있다는 걸 인식하는 데 도움이 된다.

솔루션

과거의 트라우마와 직면해야
제대로 치유할 수 있다

레스마 메너켐Resmaa Menakem에 따르면, "시간이 흐름에 따라 탈맥락화된 개인의 트라우마는 성격처럼 보인다. 시간이 흐름에 따라 탈맥락화된 가족의 트라우마는 그 가족의 특성처럼 보인다. 시간이 흐름에 따라 탈맥락화된 대중의 트라우마는 문화처럼 보인다."

여성은 관계 속에서 너무나 많은 책임을 지고 있어, 자기 자신과의 관계도 중요하다는 사실을 자주 잊어버린다. 현재와 과거의 스트레스 요인을 검토해 트라우마 반응을 촉발하는 트리거를 찾아내면, 현재 맺고 있는 인간관계와 본인의 정신 건강, 자아 감각에 많은 도움이 된다. 과거를 회상하는 것이 힘들 수도 있지만, 내가 그동안 무엇을 견디고 극복해왔는지 인식하면 자신의 경험을 이해하고 미래를 재건할 수 있다. 가스라이팅 가해자가 당신의 경험에 이의를 제기하거나 그것을 축소하고 **경시**할수록 더더욱 그럴 필요가 있다.

메너켐이 설명한 것처럼, 우리는 트라우마를 경험한 사람이지 우리 자신이 트라우마가 아니다. 나는 여성들을 위해 그가 한 말을 이렇게 확장하고 싶다. "시간이 흐름에 따라 탈맥락화된 여성의 트라우마는 젠더처럼 보인다."

CHAPTER 6

가스라이팅에 맞서
내 감정을 옹호하는 법

가스라이팅은 당신을 무너뜨리려는 정서적 학대다. 이 장에서는
당신이 일어설 수 있도록 도와줄 것이다. 여기에서 소개하는 도구
들은 당신이 자신 있게 의견을 주장하고, 건강하게 바운더리를 설
정하며, 자신이 원하고 마땅히 가져야 할 것들을 되찾도록 힘을 실
어줄 것이다. 갈등을 효과적으로 해결하는 방법과 가스라이팅에
맞서 자기 의견을 주장하는 방법도 함께 배울 것이다. 자신이 당한
일들을 인정해야 가스라이팅을 판별하고, 그런 행위를 중단시킬
소중한 통찰도 얻을 수 있다.

정서적 학대의 종류를 파악하자

정서적 학대에는 피해자를 통제하거나, 고립시키거나, 정서적으로 조종하거나, 위협하거나, 두려움을 심어주려는 모든 시도가 포함된다. 그중에는 명백한 것도 있지만, 시간이 지남에 따라 드러나는 미묘한 징후들도 있다. 정서적 학대는 타인의 신체가 아니라 생각이나 감정에 나쁜 영향을 끼친다. 자신이 정서적 학대를 당한다는 사실을 감지하는 것은 해로운 영향으로부터 자신을 보호하는 강력한 방법이다.

배울 내용
- 다양한 종류의 정서적 학대를 알아보는 방법
- 건전한 표현과 학대적인 표현을 구별하는 방법

준비 사항
- 편안하게 집중할 수 있는 10분의 시간
- 현재 혹은 과거에 맺은 관계에 대한 기억
- 종이와 펜

연습하기

타인과의 관계에서 경험한 정서적 학대를 반추해보자(필요하다면 여러 사람과의 관계를 되돌아보며 테스트를 반복하자). 정서적 학대에는 **모욕-비판, 통제-수치, 비난-원망, 무시-고립**의 4가지 종류가 있다. 유형별 학대의 동기와 예시를 보자. 현재 혹은 과거에 경험한 모든 정서적 학대를 찾아 동그라미를 치거나 목록 중에서 자신이 경험한 학대를 별도의 종이에 모두 적는다. 그리고 각 유형에서 몇 가지나 경험했는지 확인한다.

모욕-비판

당신의 자존감을 공격하는 전략이다.

- 욕하거나 조롱 섞인 별명을 부른다.
- 인신공격을 한다.
- 예전의 실수를 끄집어낸다.
- 당신의 허물에 집중한다.
- 고함을 지른다.
- 업신여긴다.
- 공개적으로 망신을 준다.
- 무시한다.
- 당신을 소재로 삼아 농담한다.
- 외모를 비하한다.
- 당신의 관심사를 조롱한다.

통제-수치

당신에게 무능력하다는 느낌을 심어주어 권력과 통제력을 획득하거나 유지하려는 전략이다.

- 당신이나 당신이 사랑하는 사람에게 해를 끼치겠다고 위협한다.
- 당신의 위치를 추적한다.

가스라이팅에서 회복하기

- 디지털 기기를 이용해 감시한다.
- 가스라이팅한다.
- 자기가 모든 결정을 내린다.
- 당신의 재정 상황을 관리한다.
- 죄책감을 무기로 삼는다.
- 끊임없이 설교한다.
- 이래라저래라 명령한다.
- 부당한 분노를 자주 표출한다.
- 일부러 무기력한 척한다.
- 예측 불가능하다.
- 갑자기 나가거나 당신을 떠나겠다고 위협한다.
- 담을 쌓는다(당신을 차단하고 무시한다).

비난-원망

가해자가 자신을 피해자보다 높여 권력의 지배 구조를 유지하려는 전략이다.

- 근거도 없이 질투한다.
- 죄책감을 무기로 삼는다.
- 파트너에게 극단적인 완벽함을 기대한다.
- 당신이 너무 예민하다고 비난한다.
- 학대를 부인한다.

- 당신의 감정을 **경시**한다.
- 자기 잘못을 당신 탓으로 돌린다.
- 일부러 문제를 만들어놓고 그런 사실을 부정한다.

무시-고립

지지하는 사람들로부터 당신을 고립시켜, 가해자의 요구 사항을 우선시하도록 만드는 전략이다.

- 눈을 맞추지 않는다.
- 당신의 사교 활동을 막는다.
- 당신의 바운더리를 무효화시킨다.
- 당신과 가족 사이를 갈라놓는다.
- 침묵 전략을 사용한다.
- 애정 표현을 **고의적으로 무시**한다.
- 모든 대화 창구를 닫는다.
- 다른 사람들이 당신에게 반감을 품게 한다.
- 필요할 때 경제적 지원을 거부해 기를 꺾는다.
- 자신에게 신경을 덜 쓰면 당신의 일을 방해한다.
- 당신의 감정을 등한시한다.

당신이 경험한 학대를 확인한 후, 다음 질문에 답해보자.

누구와의 관계를 되돌아보았는가?

_____

_____

_____

_____

그 사람이 어떤 방식으로 정서적 학대를 가했는가?

_____

_____

_____

_____

그런 학대에 대해 지금 어떤 감정을 느끼는가?

_____

_____

_____

_____

당신이 원한다면, 다음 문장을 따라 읽으면서 마쳐보자.

"나는 이와 같은 경험이 정서적 학대임을 인식하고, 필요한 경우 지원이나 도움, 안전을 구할 자격이 있다."

지금 당장 신체적 폭력의 위협을 느낀다면, 가능한 한 안전한 장소로 이동한다. 경찰청(112)이나 지역 신고 센터에 연락해 도움을 요청해도 좋다.

당장 위험에 처해 있지는 않지만, 누군가와 대화해 도움을 받고 싶다면, 가정폭력 상담소(여성긴급전화 1366, 가정폭력상담소 희망의 전화 051-623-1399 등)에 연락해 피해 내용에 대해 상담하고 의료, 법률, 보호, 숙식 등의 지원 서비스를 알아보는 것도 좋은 방법이다.

공의존 패턴을 알아차리자

자기 주도성을 강화하기 위한 첫 번째 단계는 공의존codependency 패턴을 알아차려 그것이 지속되지 않도록 하는 것이다. 여기서 소개하는 방법을 활용하면 공의존 상태에서 흔히 나타나는 문제적 패턴을 쉽게 알아차릴 수 있다. 공의존이란 건전하지 못한 방식으로 타인과 강력하게 연결된 관계를 의미한다. 그런 관계의 피해자는 욕구와 활력을 잃어버린다. 그런데 문제는 거기서 끝나지 않는다는 점이다.

배울 내용
- 가스라이팅과 정서적 학대가 공의존을 유발하는 방법
- 공의존의 일반적인 패턴
- 공의존에 관한 도움을 받을 수 있는 웹사이트

준비 사항
- 편안하게 집중할 수 있는 20분의 시간
- 종이와 펜

가스라이팅과 정서적 학대를 당해 자존감이 낮아진 사람은 공의존에 빠질 위험이 더 크다. 따라서 자신의 욕구를 무시하고 다른 사람을 우선시하면서 자신에게 악영향을 주는 해로운 공의존 패턴을 만든다.

공의존이 항상 나쁜 것만은 아니다. 엄마와 아기의 관계처럼 공의존이 강한 것이 유익한 경우도 있다. 그러나 아기는 성장하면서 독립성을 발달시켜야 한다. 공의존 관계로 인해 자기 주도성이 개발되지 않으면, 자존감과 정신 건강은 물론 신체 건강까지 위험해질 수 있다.

공의존 관계 혹은 자신의 공의존 패턴을 알아차린다고 해도 이를 인정하는 것이 어려울 수 있다. 자신의 행동이 '창피하다'고 고백하는 내담자도 있다. 공의존이 당신이라는 인간을 정의하는 것이 아님을 기억하자. 그것은 건강하지 못한 관계와 환경으로 인해 생긴 **대처 수단**에 불과하다.

연습하기

다음 체크 리스트는 익명의 공의존자 모임Co-Dependents Anonymous (CoDA.org)에서 제공하는 자료다. 1980년대에 설립된 이 단체는 '건강하고 사랑이 넘치는 관계를 발전시키자는 공동 목적을 가진 사람들의 모임'이다. 여기서 제공하는 체크 리스트는 12단계 그룹의 새로운 구성원들에게 자기 탐구와 발견을 위한 수단으로 제공되는 도구다.

천천히 살펴보면서 해당 항목에 표시하거나, 별도의 종이에 나만의 목록을 작성해보자. 자신의 특성이나 경험에 가까운 공의존 패턴이 있다면, CoDA.org에서 더 자세한 자료를 확인할 수 있다.

자신의 잠재적 패턴을 파악했다면, 비슷한 경험을 가진 다른 사람들의 도움을 받는 것도 좋은 방법이다. CoDA.org에서는 해당 주제에 관한 정보는 물론, 공의존을 치료하려는 사람들의 대면 혹은 비대면 모임도 찾아볼 수 있다.

공의존의 패턴과 특성

다음 목록은 자가 진단 도구다. 공의존을 알아가기 시작한 초심자들에게 특히 도움이 될 것이다. 한창 회복 중인 사람은 이 목록을 바탕으로, 앞으로 어떤 부분을 더 중점적으로 개선해야 할지 확인할 수 있다.

부인 패턴

이런 사람은 대체로……

- 자신의 감정을 잘 파악하지 못한다.
- 자신이 진짜로 느끼는 감정을 축소하거나, 왜곡하거나, 부정한다.
- 스스로를 무한히 이타적이며 타인의 행복을 위해 헌신하는 인물로 인식한다.
- 타인의 감정과 필요에 관한 공감이 부족하다.
- 타인의 부정적인 특성을 찾아 딱지를 붙인다.
- 타인의 도움을 받지 않아도 스스로 돌볼 수 있다고 생각한다.
- 분노, 유머, 고립 등의 방식으로 고통을 감춘다.
- 간접적이고 수동적인 방식으로 비관적인 성향이나 공격성을 표출한다.
- 자신이 매력을 느끼는 사람을 차지할 수 없는 경우에도 그 사실을 깨닫지 못한다.

자존감 부족 패턴

이런 사람은 대체로……

- 결정 장애가 있다.
- 자신의 말이나 행동, 생각이 항상 부족하다고 판단한다.

- 인정이나 칭찬, 선물 받는 걸 겸연쩍어한다.
- 자기 생각이나 감정, 행동에 관한 타인의 승인을 매우 중요하게 여긴다.
- 자신을 사랑스럽거나 가치 있는 사람으로 인식하지 못한다.
- 자신이 부족하다는 느낌을 이겨내기 위해 다른 사람의 인정과 칭찬을 갈구한다.
- 실수를 인정하기 힘들어한다.
- 남의 눈에 번듯한 인간으로 보여야 하며, 그럴싸해 보이기 위해 거짓말도 서슴지 않는다.
- 자신의 필요와 욕구를 알아차리거나 이를 요구하지 못한다.
- 자신이 남들보다 우월하다고 여긴다.
- 다른 사람들이 자신에게 안전감을 줄 거라고 기대한다.
- 프로젝트를 시작하고, 마감일을 지키고, 일을 완성하는 데 어려움을 겪는다.
- 건전한 우선순위와 바운더리 설정이 힘들다.

순종 패턴
이런 사람들은 대체로……

- 충성심이 매우 강해 불리한 상황에서 오랫동안 벗어나지 못한다.
- 거절이나 분노를 피하려고 자신의 가치와 진실성을 양보한다.
- 다른 사람이 원하는 일을 하려고 자신의 이익을 제쳐둔다.
- 타인의 감정에 지나치게 신경 쓰며, 자신이 남의 감정을 모두 떠맡는다.
- 남들과 다른 신념, 의견, 감정을 드러내는 걸 두려워한다.
- 사랑받고 싶은 마음에, 자신에게 성적 관심을 보이는 사람을 받아

들인다.
- 결과를 고려하지 않고 결정을 내린다.
- 다른 사람에게 인정받거나 변화를 피하려고 자신의 참모습을 모른 척한다.

통제 패턴
이런 사람은 대체로……

- 인간은 스스로 돌볼 능력이 없다고 생각한다.
- 다른 사람이 무엇을 생각하고, 느끼고, 행해야 하는지 자신이 정해주려 한다.
- 상대방이 요청하지 않는데도 마음대로 충고나 조언을 한다.
- 다른 사람이 자신의 도움이나 조언을 거부하면 분노한다.
- 자신이 영향력을 끼치고 싶은 사람에게 후한 선물과 호의를 제공한다.
- 타인의 인정과 동의를 얻기 위해 성적 관심을 끌려고 한다.
- 남에게 자신이 필요한 존재라고 느껴야만 관계를 맺을 수 있다.
- 자신이 필요한 것을 남에게 채워달라고 요구한다.
- 매력과 카리스마를 동원해 자신이 배려심과 동정심을 갖춘 사람임을 호소한다.
- 비난과 수치심을 이용해 다른 사람을 감정적으로 착취한다.
- 협력이나 타협, 협상을 거부한다.
- 무관심하거나 무기력한 태도, 권위나 분노를 통해 결과를 조작한다.
- 회복과 관련된 용어를 사용해 타인의 행동을 통제한다.
- 자신이 원하는 것을 얻기 위해 타인의 의견에 동의하는 척한다.

회피 패턴

이런 사람은 대체로……

- 다른 사람이 자신을 거부 혹은 모욕하거나, 화낼 만한 방식으로 행동한다.
- 타인의 말과 행동, 생각에 가혹한 판단을 내린다.
- 남과 거리를 유지하는 방법으로 정서적, 신체적, 성적 친밀감을 피한다.
- 사람, 장소, 사물에 중독되어 대인 관계에서 오는 친밀감이 방해를 받는다.
- 갈등이나 충돌을 피하고자 간접적이고 회피적인 의사소통을 한다.
- 회복을 위한 노력을 거부함으로써 스스로 건강한 관계를 형성할 능력을 축소시킨다.
- 자신이 취약해지는 느낌을 받기 싫어 감정이나 욕구를 억누른다.
- 다른 사람과 친해지다가도 너무 가까워지면 다시 밀어낸다.
- 자신보다 더 큰 힘에 굴복하는 게 싫어 고집을 꺾지 않는다.
- 감정 표현을 나약함의 증거라고 생각한다.
- 감사를 표하지 않는다.

가스라이팅에서 회복하기

갈등 해결의 도구 '디어 맨'

가스라이팅으로 인한 갈등을 해결할 때는 자신감이 매우 중요하다. 가해자의 영향력 아래 있으면 쉽게 조종당할 수밖에 없다. '디어 맨DEAR MAN'은 심리학자 마샤 리네한Marsha M. Linehan이 창안한 변증법적 행동치료DBT 기술이다.

이 기술은 강력한 감정이나 갈등에 직면했을 때 상대방과 건강한 관계를 유지하면서 요령 있게 반대 의견을 제시하는 데 도움을 준다. 이 체계를 활용하면, 자신의 주장을 전개하며 원하는 바를 요구하고, 상대방의 반응과 관계없이 메시지를 관철할 수 있다.

배울 내용
- 갈등에 직면했을 때 자신감을 북돋우는 방법
- 대인 관계에 효과적인 '디어 맨' 기술을 활용해 단호하게 갈등을 해결하는 방법

준비 사항
- 편안하게 집중할 수 있는 15분의 시간
- 과거나 현재에 경험한 갈등 상황 중에서 이 기술을 연습해볼 만한 사례
- 종이와 펜

연습하기

다음 예시문과 가이드를 읽은 뒤, 과거에 경험했거나 현재 겪고 있는 갈등으로 자기만의 '디어 맨' 성명서를 만들어보자.

예시

당신과 만나기로 약속해놓고 거듭해서 직전에 취소하는 친구

가 있다고 가정해보자.

설명 Describe: "내가 세어보니까, 너 나랑 만나기로 해놓고 세 번이나 취소했더라."

표현 Express: "나 그때 진짜 실망했어."

주장 Assert: "앞으로는 시간이 확실해진 다음에 약속을 잡아주면 좋겠어."

보강 Reinforce: "그러면 우리 둘이 더 자주 만나 재미있게 놀 수 있잖아."

유의점 Mindful: 말하는 도중에 천천히 호흡한다.

당당한 모습 Appear Confident: 너무 조심스럽게 이야기하지 않는다.

타협점 Negotiate: 약속이 취소되어도 미리 다른 계획을 세울 수 있게, 최소한 이틀 전까지 연락해달라고 말한다.

디어 맨 DEAR MAN

설명: 상황을 설명할 때는 사실만 말한다.
"내가 보니까", "내가 듣기로", "내가 알기로"처럼 관찰자 입장에서 말 문을 열어 구체적인 내용을 덧붙이되, 세부 사항을 너무 많이 추가하지 않는다.

표현: "나는"이라고 시작하는 문장으로 감정을 표현한다.
상대를 비난하는 인상을 주지 않도록 유의한다. "네가 날 무시하는 것 같았어"라고 말하기보다 "나는 무시당하는 기분이었어"라고 말한다.

주장: 원하는 바를 직접적으로 요구하거나, 분명하게 "싫어"라고 말한다.
"나는 ~하고 싶어", "~ 해줬으면 좋겠어"와 같은 식으로 의견을 제시한다.

보강: 상대방이 듣고 변화하거나, 당신의 생각을 이해할 수 있도록 긍정적인 말로 보강한다.

유의점: 말하는 동안 계속해서 나의 감정을 살핀다.
정신이 산만해졌다면 다시 호흡에 집중하며 주위 환경을 돌아본다.
상대방이 방어적으로 나오더라도 대화가 다른 방향으로 빠지지 않도록 노력한다.

당당한 모습: 마음속으로 어떤 기분이 들건, 자신감 있게 보이는 것이 중요하다. 상대방과 눈을 맞추고, 보디랭귀지를 활발히 사용하며, 또렷한 목소리로 말한다(168쪽의 '파워 포즈' 참고).

타협점: 상대방의 의견을 충분히 들어주고, 가능하면 당신의 요구 사항을 조정하고 타협한다(상대가 당신을 정서적으로 학대하거나 가스라이팅을 시도하지 않는다는 전제하에).

당신이 겪은 갈등

설명: _____

표현: _____

주장: _____

보강: _____

유의점: _____

당당한 모습: _____

타협점: _____

주의 사항

- 자기주장이 강한 것과 공격적인 것은 다르다. '디어 맨'은 공격적으로 말하기보다 **분명하게** 말할 때 훨씬 효과가 뛰어나다.

- '디어 맨'을 이용해 말한다고 해서 모두가 거기에 동조하고, 당신을 존중하며, 긍정적으로 반응하지는 않을 것이다. 그런 일이 발생하더라도 자신의 바운더리를 확실히 지키고, '고장 난 음반 기술'을 이용한다. 다시 한번 '디어 맨' 성명서를 반복해 당신의 요구 사항이나 바운더리를 밝힌다. 자신의 요구 사항에 집중하며 그것을 확고히 지키면, 상대방이 당신의 감정을 조종할 가능성이 줄어들어 가스라이팅의 영향을 덜 받을 수 있다. 그런데도 상대가 가스라이팅을 시도하면, 갈등 상황에서 벗어나도록 노력한다.

- 처음 '디어 맨'을 연습할 때는 대본을 읽는 듯한 느낌이 들 수도 있지만, 반복하다 보면 자연스러워진다.

- '디어 맨'의 순서를 반드시 지킬 필요는 없다. 가령 '설명'보다 '표현'을 먼저 해도 된다. 다만 되도록 빼놓지 않고 모든 항목을 활용한다.

여성을 위한 바운더리 설정법

배울 내용
- "싫어"라는 말로 대화를 끝맺는 방법
- 정서적 학대에 대항하는 바운더리의 중요성
- 바운더리 설정에 도움이 되는 '만능' 문구

준비 사항
- 편안하게 집중할 수 있는 15분의 시간
- 종이와 펜

바운더리를 설정할 때는 자신이 어떤 느낌을 받는지 의식하는 것이 중요하다. 자기 책임이 아닌데도 죄책감을 느끼는 것은 선을 긋지 못하기 때문인 경우가 많다. 가스라이팅 피해자들은 선을 그으면 자신이 죄를 짓는 것처럼 여기지만, 실제로는 그렇지 않다. 바운더리를 설정하면 불만이 생기는 것을 방지하고 건전한 친밀감이 높아져 건강한 관계를 유지하는 데 도움이 된다.

연습하기

바운더리를 설정할 때의 신체 감각과 생각들을 정리해보자.

바운더리를 설정하려 할 때, 내 몸은 어떻게 반응하는가?

가스라이팅에서 회복하기

바운더리 설정을 떠올리면 어떤 생각이나 기분이 드는가?

_____

_____

_____

_____

다음은 바운더리를 설정할 때 일반적으로 사용하는 말이다. 크게 유연한 표현과 강경한 표현으로 나뉜다.

유연한 표현은 상대방의 의견을 수용해 지속적인 대화를 가능하게 해준다. 유연하다는 것은 뒤로 물러선다는 뜻이 아니라, 개방적인 태도로 자기주장을 펼치는 것이다.

- "네 의견을 존중하지만, 나도 생각이 있어."
- "미안하지만, 그럴 시간이 없어."
- "난 그렇게 하기 힘들 것 같아."
- "잠깐, 거기서 멈춰봐."
- "조언은 고맙지만, 나는 다른 방식으로 할래."
- "_____는 못 하겠지만, _____는 한번 해볼게."
- "네가 나한테 동의하지 않거나 내 기분을 이해하지 못해도 괜찮아."

- "우린 가치관이 달라."
- "네 말을 들어주고 싶지만, 이미 너무 무리하고 있어서 안 되겠어."
- "내 바운더리를 존중해주면 좋겠어."

이번에는 바운더리를 설정하는 강경한 표현이다. 상대방이 이전에 당신의 바운더리를 무시했거나 현재 당신의 요청을 존중하지 않을 때 이런 표현을 사용한다. 강경한 표현을 할 때는 단호하면서도 신중한 말투를 사용하면 훨씬 효과적이다.

- "난 그럴 시간이 없어."
- "난 하고 싶지 않아."
- "싫어."(이것만으로도 완전한 문장이므로, 더 이상 설명을 덧붙일 필요가 없다!)
- "나한테는 맞지 않아."
- "난 그렇게 생각하지 않아."
- "난 하지 않을 거야."
- "그만해."
- "내 생각은 바뀌지 않을 거야."
- "이 얘기는 더 이상 하고 싶지 않아."
- "난 그렇게 못 해."

가스라이팅에서 회복하기

유연한 표현과 강경한 표현을 모두 읽어본 뒤, 과거에 경험했거나 현재 겪고 있는 갈등 중에서 바운더리 설정이 필요한 사례를 선택한다. 그 갈등이 무엇인지 적고, 당신이 선택한 방식에 따라 바운더리 설정을 연습해보자.

_____

_____

_____

_____

주의 사항

바운더리 설정이 늘 기분 좋은 것은 아니다. 익숙하지 않은 경우에는 더욱 그렇다. 안전하다고 여겨지는 사람들과 먼저 연습해 바운더리 설정에 대한 저항감을 줄여본다.

나의 내담자 중에 마트에서 '비닐봉지가 아닌 종이봉투'를 요청하는 것으로 연습을 시작한 사람이 있다. 주변 사람들의 기분을 상하게 하는 것이 두려워 개인적으로 모르는 마트 계산원을 첫 대상으로 삼았다. 그는 별것 아닌 듯 보이는 일에서 시작해, 점점 더 까다로운 상황과 가까운 관계에서도 바운더리를 요구하게 되었다. 바운더리 설정을 하면 크든 작든 자기 자신을 사랑하고 스스로에게 힘을 실어준다. 이것이 가능해졌다는 것은 축하할 일이다!

정서적 개별화로 내면의 소리를 되찾자

배울 내용
- 정서적 개별화의 의미와 중요성, 그리고 실천 방법
- 온순성이 공의존 문제를 일으키는 양상
- 타인으로부터 독립하고 자신의 정체성을 강화하는 방법

준비 사항
- 편안하게 집중할 수 있는 10분의 시간
- 종이와 펜

타인으로부터 독립해 나만의 정체성을 확립하는 능력을 **정서적 개별화**라고 한다. 이 또한 정서적 학대와 가스라이팅 피해에서 회복하는 데 중요한 기술이다. 온순한 사람은 따뜻하고 친절하며 눈치가 빠르다. 그러나 너무 온순해서 남의 '비위만 맞추는' 것은 트라우마 반응일 수 있다.

심리치료사 피트 워커Pete Walker는《복합 PTSD: 생존에서 성장으로Complex PTSD: From Surviving to Thriving》에서 다른 사람에게 매력적으로 보이기 위해 그 사람을 기쁘게 하거나, 안전감을 유지하려고 갈등을 피하는 행위가 바로 '비위 맞추기'라고 규정한다. 비위 맞추기가 계속되면 공의존으로 발전할 수 있다. 온순하게 굴 때만 가스라이팅 가해자에게 조건적 사랑과 환대를 받아온 피해자는 정서적 개별화에 어려움을 느낀다. 반대 의견을 제시하면 문제가 생기고, 가해자와의 관계가 긴장될 것이 뻔하기 때문이다. 가스라이팅은 피해자의 정체성을 공격하는데, 정서적 개별화는 그에 대항해 내면의 목소리를 되찾는 좋은 방법이 된다.

정서적 개별화가 이루어지지 않은 사람은 다른 사람의 의견에 의존한다. 지구상에는 저마다 생각이 다른 80억 명의 사람이 살아가고 있다. 모든 사람을 기쁘게 하는 것도, 모두가 내 의견에 동의하는 것도 불가능하다. 자기만의 의견을 구축하는 것은 건강하고 매력적이며 주체적일 뿐 아니라, 신나는 일이다. 여성으로서 누려야 할 당연한 권리이기도 하다.

당신을 특별하게 만드는 사소한 특성들을 떠올려보자. 목록을 작성하면서 내가 좋아하는 것과 싫어하는 것을 토대로 자기 자신을 새롭게 파악해보자.

내가 좋아하는 것은?

음식: _____

영화: _____

음악: _____

여행지: _____

색상: _____

기타: _____

_____

내가 싫어하는 것은?

불쾌한 일: _____

음식: _____

음악: _____

색상: _____

여행지: _____

기타: _____

_____

자신의 의견을 내세우지 못했던 경우를 떠올려본다. 내가 무슨 말을 하든 나쁜 결과가 발생하지 않는다고 확신했다면 과연 그 사람(혹은 사람들)에게 무슨 말을 했을지 생각해보자.

_____

_____

_____

_____

정서적 개별화를 꾸준히 연습하기

다음과 같은 방법도 정서적 개별화를 견고히 하는 데 도움이 된다.

- 다른 사람이 당신의 취향을 물어보면(어디서 식사하고 싶은지, 어떤 영화를 보고 싶은지 등), 처음에는 당황해서 아무 생각도 나지 않겠지만 시간을 갖고 천천히 생각해본다. 정서적 개별화를 연습할 수 있는 좋은 기회가 될 것이다.
- 안심할 수 있는 사람이 나와 다른 의견을 낼 경우, 잠시 심호흡한 뒤 내 의견은 소중하고 저 사람과 공유해도 안전하다는 점을 상기한다.
- 현재 관계를 맺고 있는 사람들에게 안심하고 내 의견을 제

시할 수 있는지 헤아려본다. 앞으로 계속 그 사람들에게 내 에너지를 쏟아도 될지 결정한다.

- 반복이 중요하다는 것을 명심하라. 어린 시절부터 온순해야 한다고 교육받은 사람은 그런 습관을 고치기 힘들다. 정서적 개별화를 많이 연습할수록 점점 더 자연스러워질 것이다.

스스로 '아첨꾼' 같다고 비하하는 내담자들을 위해, 나는 다음과 같은 주문을 만들었다.

"내가 모든 사람의 취향은 아니야!"

남들이 자신을 어떻게 생각하는지 전혀 신경 쓰지 않을 수는 없다. 인간은 집단에서 인정받기를 원한다. 그러나 이런 욕구를 다른 사고 패턴으로 돌리겠다고 결심해 보라. 내가 만든 주문을 마음껏 이용해보기 바란다.

팩트 추적으로
가스라이팅에 대응하자

가스라이팅 가해자는 자신의 의견에 동의하지 않거나 자신과 의견이 다르다는 이유만으로 당신이 '나쁜 사람'이라는 생각을 심어줄 수 있다. 당신은 불량하거나 비뚤어진 반면 자신은 선량하고 올바른 사람이라고 강조하며, 당신이 자신을 더욱 의심하게 만들기도 한다.

이는 상대방의 현실 감각을 조작하는 가스라이팅의 대표적인 전략이다. 그러나 **팩트 추적**으로 이에 대응할 수 있다.

다음 방법을 통해 자신이 경험한 일을 돌이켜보고, 바운더리 설정을 위한 청사진으로 활용해보자.

배울 내용
- 자신에게 가해지는 가스라이팅 수법을 검토하고 기록하는 구체적인 방법
- 기억과 경험을 재확인하는 방법
- 법적 조치를 위해 정보를 수집하는 방법

준비 사항
- 편안하게 집중할 수 있는 15분의 시간
- 종이와 펜

연습하기

팩트 추적은 가스라이팅에 대항하는 유용한 도구다. 문자, 이메일, 음성 메시지는 물론 가해자의 말과 행동 중에서 당신이 불편했거나 확신할 수 없는 부분을 일기장에 기록하는 방법도 있다.

팩트 추적을 하는 이유는 가해자에게 보여주기 위해서가 아니라, 당신의 현실 감각을 유지하기 위해서다.

가해자가 알면 오히려 당신에게 불리한 무기로 사용할 수 있다. 경우에 따라서는 수집한 정보를 이용해 법적으로 소송을 걸거나 외부 인사 혹은 조직(직장에서 가스라이팅이 발생했다면 인사부서)에 가해자를 신고할 수도 있다.

이런 팩트 추적은 자신에게 벌어진 일을 확인함으로써, 가스라이팅에서 벗어나 명확한 감각을 되찾는 건강하고 정상적이며 유익한 방법이라는 점을 명심하자.

옆 면의 표에는 과거 경험을 돌아볼 수 있는 중요한 질문들이 적혀 있다. 필요하면, 1장에서 다룬 가해자들의 가스라이팅 수법 7가지(21쪽)를 다시 한번 훑어보고 돌아오자.

표를 더 확장하고 싶다면, 다른 사건을 추가로 적어본다.

_____

_____

_____

_____

오늘 기록한 내용을 검토하면서 당시 겪었던 경험을 다시 한번

가스라이팅 의심 행동	발생 시점	무슨 일이 있었는가?	대화 수단 (문자, 전화 등)	사건으로 인한 감정	외부인의 지원을 요청했는가? 요청 대상은?
부인					
고의적 무시					
경시					
주의 전환					
반박					
편견					
책임 전가					

되새겨볼 날짜를 정한다.

_____

_____

_____

_____

마음 내키면, 이 기록을 함께 살펴볼 안전한 지지자를 정한다.

_____

_____

_____

_____

마지막으로, 당신이 겪은 일은 현실이고, 당신이 느끼는 감정도 현실이며, 무슨 일이 일어났는지 가해자에게 확인받을 필요가 없다는 사실을 기억하자. 그들이 생각하는 현실은 그들의 입맛에 맞는 현실일 뿐이다. 가해자에게 이득이 되는 사실은 대체로 진실과 거리가 멀다.

부정적인 관계를 끝내고 건강한 관계를 시작할 마음의 공간을 마련하자

흔히 정서적 학대가 신체적 학대보다 덜 해롭다고 오해한다. 그러나 우리의 두뇌는 정서적 고통과 신체적 고통을 구별하지 못한다. 연구에 따르면, 심리적 고통을 당할 때 활성화되는 두뇌 영역과 신체적 고통을 받을 때 활성화되는 영역이 똑같다. 그러므로 가스라이팅을 통한 정서적 학대도 신체적 학대만큼이나 위험하다. 그런 경험은 우리의 자립 능력을 떨어뜨리므로, 이 장에서는 특별히 자의식과 개별성을 높이는 데 초점을 맞췄다.

내 의견이 중요하다는 사실을 잊지 말자. 당신에게는 거절할 권리가 있으며, 바운더리 설정은 건전한 일이다. 타인의 의견에 반대하는 것 또한 당신의 권리다. 모든 사람을 만족시킬 수는 없다. 세상에 사람이 얼마나 많은지 생각해보라. 타인의 취향과 성격에 맞춰 자신의 감정과 정체성을 수시로 바꾸는 '정서적 카멜레온'은 가스라이팅의 표적이 될 뿐이다.

나를 찾아온 내담자들은 자기주장하기를 두려워하며 이런 질문을 자주 한다. "언제 바운더리 설정을 하면 좋을까요?" "제가 원하는 걸 직접적으로 말하기에 너무 빠르지 않을까요?" "사귄 지 얼마쯤 지난 뒤 싫다는 표현을 해야 할까요?" 이 모든 질문에 대한 대답은 "최대한 빠를수록 좋아요"이다. 자기 의사를 일찍 밝힐수록 잠재적 학대자를 '걸러낼' 가능성이 커진다.

거절 민감성이나 유기 공포가 있는 사람들은 이런 일이 두렵게 느껴질 것이다. 그러나 부정적인 관계를 끝내야만 건강한 관계를 시작할 마음의 공간이 생긴다. 남에게 의지하지 않고 스스로 일어서는 것이 위험하게 느껴질 수도 있겠지만, 이것은 매우 건강한 일이다. 나는 심리치료사로서 내담자들과 독자 여러분의 건강한 자립을 응원한다.

CHAPTER 7

해로운 패턴에서 벗어나
자유를 되찾다

가스라이팅을 당해 혼란과 무력감에 시달리다 보면, 해로운 패턴
에 빠지고 삶의 다양한 영역에서 마비 증세가 나타난다. 집중력을
높이는 강력한 도구로 의욕을 북돋우고 목표를 설정하면 이런 패
턴을 끝낼 수 있다. 이 장에서는 명상과 자기 자비, 집중력 향상을
통해 내면의 비판을 잠재우고 자신이 진정으로 원하는 성과를 거
둘 수 있다는 확신을 얻도록 도와줄 것이다.

'초점 명상' 훈련으로
목표 달성에 대한 자신감 키우기

배울 내용
- 외부 방해 요소를 차단하고 최종 목표에 집중하는 방법

준비 사항
- 아무런 방해 없이 명상을 시행할 5분의 시간
- 나만의 공간
- 종이와 펜

운동에서의 동기 부여를 연구한 뉴욕 대학교 보고서에 따르면, 결승 지점에 집중한 참가자들이 결승선을 보지 말라고 요구받은 참가자들보다 더 좋은 성과를 거뒀다. 결승선을 보면서 달리면 의욕이 상승할 뿐 아니라, 수행력에 대한 지각(자신감)도 훨씬 커졌다.

초점 명상은 이 연구의 원리를 명상에 결합시킨 훈련이다. 가치 기반 목표 설정(자신이 가장 중요하게 여기는 가치를 바탕으로 목표를 세움)은 목표에 대한 집중도와 그것을 달성할 수 있다는 자신감을 높여준다.

연습하기

다음은 많은 사람이 삶의 만족도를 높여준다고 생각하는 7가지 가치다. 나에게 가장 중요한 것이 무엇인지 곰곰이 생각해보고, 1위에서 7위까지 순위를 매긴다(1위가 가장 중요하다).

가스라이팅에서 회복하기

_____ 낭만적인 관계

_____ 경제적 안정

_____ 지식

_____ 창의성

_____ 정신세계

_____ 건강

_____ 가족

당신이 선택한 1~3위 중에서 개선을 위해 노력하고 싶은 가치를 하나만 고른다.

_____

선택한 가치를 위해 장기 목표를 하나 세운다. 만약 자신의 정체성을 규정하는 가장 중요한 가치로 '창의성'을 선택했다면, 미술 수업을 듣겠다는 목표를 세울 수 있다. 구체적이고Specific, 측정할 수 있고Measurable, 달성할 수 있고Attainable, 관련성이 있고Relevant, 시간 제한이 있는Time Bound 목표를 세우는 것이 좋다. 이 5가지를 'SMART 목표'라고 부른다(예를 들면, "이달 말까지 60분짜리 미술 수업을 듣는다").

아래에 당신의 목표를 적어보자.

_____

_____

_____

_____

그런 다음 이 목표에 대해 명상을 해보자.

- 타이머로 5분을 설정한다(원한다면 더 길게 잡아도 된다).
- 앉거나 누워서 최대한 편안한 자세를 취한다. 앉아 있을 경우 발이 지면에 닿도록 한다. 척추를 반듯하게 세우고, 마지막으로 자세를 조정한다.
- 눈을 감고(혹은 정면을 바라봐도 된다) 얼굴 근육의 긴장을 푼다. 천천히 4까지 세면서 숨을 깊이 들이마시고, 4초간 숨을 참은 뒤 다시 4초간 내뱉으며 몸의 긴장을 푼다. 이런 호흡 (일명 '박스 호흡')을 최소한 5회 이상 반복한다.
- 자연스럽게 호흡에 리듬이 생길 때까지 지속한다.
- 당신이 설정한 목표를 달성한 상황을, 오감을 이용해 최대한 구체적으로 상상한다(예를 들어, 미술 수업을 들으러 강의실에 걸어 들어가는 모습, 물감 냄새, 창문으로 쏟아져 들어오는 따스한

햇볕 등).

- 도중에 딴생각(회의감, 비용, 시간, 다른 할 일 등)이 들어 머릿속이 산만해지면, 그냥 가볍게 그런 생각을 관망한다.
- 산만한 생각들을 없애려 하지 말고, 목표를 달성한 이미지를 최대한 자세히 상상하며 다시 그쪽에 초점을 맞춘다.
- 자신의 목표로 초점을 돌리는 연습을 필요한 만큼 반복한다.
- 마지막으로, 박스 호흡을 한 번 실시한 뒤 서서히 눈을 뜬다.

위에서 명상한 내용과 그 과정에서 느끼거나 발견한 것들을 적는다.

_____

_____

_____

_____

_____

_____

_____

'자비로운 셀프 토크'로 긍정적인 변화 만들기 ●

배울 내용
- 자유를 되찾는 자비로운 셀프 토크의 효과
- 자기 자비를 통한 긍정의 힘으로 가스라이팅의 부정적 영향을 역전시키는 방법

준비 사항
- 편안하게 집중할 수 있는 15분의 시간
- 종이와 펜

가스라이팅을 경험한 후 긍정적으로 변화하려면 자기 자비를 연습하는 게 중요하다. 저명한 심리학자 크리스틴 네프Kristen Neff는 자기 자비를 "고통을 겪거나 실패하거나 스스로 부족하다고 느낄 때, 괴로운 마음을 모른 척하거나 자신을 비난하며 채찍질하는 대신, 자기를 따뜻하게 이해해주는 것"이라고 정의한다. 그러면서 그녀는 "자기 자신에게 말할 때도 친구에게 말하듯이 하라"라고 조언한다. 각종 연구 결과도 이 주장을 뒷받침한다. 우리는 비난받고 있다고 느끼면 새로운 기술을 잘 습득하지 못한다.

다음 연습을 통해 부정적인 셀프 토크가 자신을 얼마나 주저하게 만드는지 알아보고, 자비롭고 친절한 내면의 목소리를 키우는 방법을 배워보자.

연습하기

좌절감을 느끼거나 자기 자신에게 실망했던 기억을 떠올려본다. 그 순간 '의욕'을 되살리거나 자신의 행동을 교정하려고 어떤

말을 했는가?

　다음 예문에 이어서 자신이 스스로에게 했던 말들을 적어본다.

현재의 셀프 토크

　난 뭘 해도 이 모양이야.

_____

_____

_____

_____

_____

_____

_____

_____

_____

_____

현재의 셀프 토크를 읽고 난 뒤, 자기 자신과 자신의 목표 달성 능력에 대해 어떤 느낌이 드는가?

_____

_____

_____

_____

이제 자신에게 말하는 방식을 바꿔보자.

현재의 셀프 토크에 적혀 있는 각 문장을 가까운 친구나 사랑하는 사람에게 말하는 표현으로 고쳐보자. 어쩌면 당신의 셀프 토크에는 이미 어느 정도 자비로운 어투가 담겨 있을지도 모른다. 그렇다면 정말 다행이다! 만약 그렇다면 그런 발언을 더 많이 추가해보자.

이번에도 예시 문장을 하나 적어놓았다.

난 지금 너무 바쁘고 지쳐 있어서 모든 일을 완벽하게 해내지 못하는
것이 당연해.

자비로운 셀프 토크를 읽은 후, 자기 자신과 자신의 목표 달성 능력에 대해 어떤 느낌이 드는가?

_____

_____

_____

_____

주의 사항

- 가해자가 퍼붓는 부정적인 말과 씨름하는 동안에는 내면에서 비판적인 목소리가 커질 수밖에 없다. 비판적인 셀프 토크가 습관이 되면, 해로운 패턴을 끊고 내게 기쁨을 가져다줄 목표를 달성하는 것이 불가능하게 느껴진다.

- 변화는 비판이 아닌 격려를 통해 이뤄지는 경우가 많다. 자비로운 셀프 토크를 많이 할수록 변화 가능성도 커진다.

- 내용뿐 아니라 말하는 방식도 바꿔보자. 언어 못지않게 목소리 톤과 비언어적 의사소통도 중요하다. 성인 ADHD를 겪는 내담자 중 한 명은 직장에서 자기 자신에게 "숨 좀 쉬어!"라고 외치곤 했다. 하지만 이 연습을 하고 좀 더 부드럽게 말하기로 결심한 뒤 오랫동안 사용해온 부정적 명령어가 마음을 진정시키는 자신만의 그라운딩 도구로 바뀌었다.

선택을 줄여 에너지를 아낀다

가스라이팅에서 회복하려면 엄청난 에너지가 필요하다. 거기에 일반적인 성인이 매일 내리는 3만 5,000가지의 선택이 더해지면 의사 결정에 피로를 느낄 수밖에 없다.

심리학자 로이 바우마이스터Roy F. Baumeister 는 이것을 **자아 고갈**이라고 불렀다. 이러한 '결정 피로'는 결정을 내리는 데 '지쳐' 충동적이거나 폐쇄적으로 변해버리는 것을 뜻한다(예를 들어, 온종일 건강한 음식을 먹다가 밤에는 정크푸드를 폭식하는 것).

우리가 결정을 내릴 때 사용하는 힘은 휴식(수면 혹은 명상)이나 식사를 통해서만 증대시킬 수 있다. 모든 결정에는 뇌에서 에너지를 생성하는 포도당이 필요하므로, 식사나 휴식을 통해 다음번 선택에 이용할 에너지를 회복해야 한다.

배울 내용
- 결정 피로의 의미와 그것이 우리의 발목을 잡는 이유
- 한정된 선택지를 통해 스트레스를 관리하고 결정 피로를 예방하는 방법

준비 사항
- 편안하게 집중할 수 있는 15분의 시간
- 종이와 펜

연습하기

우리가 매일같이 내려야 하는 결정의 수를 줄여주는 방법이다. 일상이 바쁘거나 스트레스 수준이 높을 때 특히 유용하다. 결정할

때 옵션을 한정하면 불필요한 선택을 최소화할 수 있다. 치유 과정에서는 체력을 아껴야 건강한 선택을 할 수 있다.

'소형 옷장'이 가장 널리 알려진 방법이다. 옷장 안에 제한된 수의 옷만 보관해 그중에서 골라 입듯이 이 방법을 사용하면 우리의 마음에도 여유가 생긴다. 코넬 대학교 연구에 따르면, 우리는 음식만 가지고도 매일 평균 277가지 선택을 한다. 바쁘거나 고단할 때 식사 선택지 제한은 결정 피로를 줄이는 좋은 방법이다.

다음은 추가적으로 선택지를 한정할 수 있는 항목이다. 당신이 한정하고 싶은 항목을 골라, 해당 항목에 최대 3개(필요하다면 그 이상)의 옵션을 정한다. 빈칸에 추가하고 싶은 항목을 적는다.

항목	사용 여부(O/X)	선택지
식사 메뉴		
옷차림(예: 출근룩)		
휴식법		
외부 협력자		
스트레스 완화법		
평일 신체 활동		
주말 신체 활동		

항목	사용 여부(O/X)	선택지
음악		
연락해서 만날 친구		
피곤할 때/번아웃됐을 때/ 스트레스 받을 때 먹는 간식		

주의 사항

- 주중에 어울리는 선택지와 주말에 유용한 선택지는 서로 다르다. 따라서 주중과 주말에 사용할 선택지를 다르게 만드는 것이 좋다(직장에서 점심으로 스무디나 샐러드를 먹는다면, 주말에는 좀 더 특별하고 즉흥적인 메뉴를 시도한다).
- 이 방법을 사용하면 자기 관리와 의사 결정이 간편해질 뿐 아니라, 가스라이팅에서 회복되는 동안 자기 자신을 알아가는 데도 도움이 된다.
- 한정된 선택지를 이용해서 미리 계획을 세우면, 건강한 습관을 형성하는 의지력을 높일 수 있다. 옵션을 줄이면 에너지가 고갈됐을 때 충동적인 선택을 할 가능성이 줄어든다.

습관 형성 계획 세우기:
전문가들이 알려주는 비법과 요령

배울 내용
- 주변 환경에 긍정적인 영향을 미쳐 새로운 습관을 만드는 방법
- 반복을 통해 두뇌를 변화시키고, 새로운 습관을 오래 유지하는 방법

준비 사항
- 편안하게 집중할 수 있는 20분의 시간
- 개인적 목표
- 종이와 펜

누구나 건강한 습관을 통해 최선의 결과를 얻으려고 애쓴다. 그러나 가스라이팅을 당한 사람들은 가해자를 만족시키는 데 너무 많은 에너지를 써버려 자신의 목표에 집중하지 못한다. 이제 오로지 자기 자신에게 집중할 때다. 행동심리학 분야 전문가들이 개인의 목표 달성을 돕기 위해 오랜 기간 연구한 습관 형성 전략을 살펴보자.

연습하기

가스라이팅에서 회복하는 데 도움이 될 만한 목표를 생각한다(예를 들어, 규칙적으로 명상하는 습관 들이기).

당신의 목표:

_____

_____

_____

다음은 목표 달성에 효과적인 전략들이다. 각각의 개념을 천천히 읽어보고, 자신의 삶에 어떻게 적용하면 좋을지 생각해보자.

심리학 전문가들이 가르쳐주는 습관 형성 전략

- **작은 목표 vs. 큰 목표**

  《아주 작은 습관의 힘》의 저자 제임스 클리어James Clear 는 심리학 전문가들이 말하는 효율적인 습관 형성 방법을 검토해, 최종적인 목표를 달성하려면 반드시 작은 목표를 거쳐야 한다는 것을 발견했다. 예를 들어, 5킬로미터 마라톤 완주가 목표라면 먼저 매일 15분씩, 일주일에 5회 달리기를 작은 목표로 정한다. 이렇게 하면 습관이 몸에 배고, 성공으로 인한 긍정적인 피드백이 돌아와 더 큰 목표를 세울 수 있다.

- **매일 1퍼센트씩 늘리기 = 1년이면 엄청난 보상**

  연구 결과에 따르면, 목표가 조금씩 규칙적으로 증가하면 그것을 성취하는 데 큰 노력이 필요하지 않다. 산술적으로 따지면, 매일 1퍼센트씩 성장할 경우 한 달 후에는 시작할 때보다 31퍼센트 이상 향상된다.

- **가장 적당한 난이도는 4퍼센트!**

  어떤 일이든 **적당한** 도전의식을 불러일으키지 않으면 도중에 의욕을 잃어버리기 마련이다. 그렇다고 **너무** 어려우면 포기하기 쉽다. 현재 자신의 능력보다 4퍼센트 어려운 일에 도전하는 것이 가장 적당하다. 이는 작은 목표들이 모이면 큰 보상이 돌아온다는 주장을 뒷받침하는 개념이기도 하다.

• 모니터링은 어떤 유형에게나 필수

그레첸 루빈Gretchen Rubin이 제시한 '4가지 성향'은 의욕과 변화를 기준으로 사람들을 구분한다. 루빈의 웹사이트(gretchenrubin.com/quiz/the-four-tendencies-quiz)에 게시된 온라인 퀴즈를 통해 자신이 **강제형**obliger, **준수형**upholder, **의문형**questioner, **저항형**rebel 중 어디에 속하는지 확인할 수 있다. 루빈은 각자의 독특한 성향을 이용해 목표를 설정하고 변화를 모색하는 방법을 알려준다. 자신의 성향과 어울리지 않는 방법으로 목표를 설정하면 힘들어질 수밖에 없다. 예를 들어, 강제형에 속하는 사람이 달리기 루틴을 만들고 싶다면, 함께 뛸친구와 '의무적으로' 약속을 잡아 책임감을 느낄 때 성공할확률이 높아진다. 하지만 저항형 인간은 언제, 어떻게 뛰어야할지 누군가 정해주면 거부감을 느낄 수 있으므로, 기분 내킬때 자기만의 방식으로 달려야 성공할 가능성이 크다.

• 책임감을 높여줄 타인의 존재

강제형 인간이 아니더라도 우리는 대부분 어떤 형태로든 책임감을 느낄 필요가 있다. 진행 상황을 보고할 사람이나 같은 목표를 향해 정진할 동반자를 찾아보자. 아니면 '대역 배우'를 세워도 된다. 이는 ADHD 대처법 중 하나인데, 어려운 과제를 실행할 때 물리적으로 누군가 가까이 있으면 집중력이 향상된다.

· **자신의 습관을 남들에게 말하기**

변화를 일으킬 때는 의식이 중요하다. 습관을 언급하거나 널리 공개하는 것처럼 간단한 방법으로도 우리의 의식을 깨울 수 있다. 앞서 살펴본 결정 피로를 생각해보라. 스트레스를 받거나 피곤할 때, 우리는 어떤 선택이 자신의 성장을 방해하는지 인식하지 못할 수 있다. 그럴 때는 제임스 클리어의 웹사이트(jamesclear.com/habits-scorecard)에 있는 '습관 점수표'가 도움이 된다.

· **처음에만 맛볼 수 있는 신선함 노리기**

디저트는 처음 한 입이 가장 맛있고, 사람들은 보통 월요일부터 시작하는 계획을 세운다. 이는 우리 뇌의 보상 중추와 관련이 있다. 뭔가 새로운 것을 경험하면, 도파민이나 세로토닌같이 기분을 좋게 해주는 호르몬이 더 많이 생성된다. 이런 원리에 따라, 새학기 등의 시작 시기에 맞춰 목표를 설정하거나 목표 달성을 돕는 참신한 물건에 투자하면 도움이 된다.

- **자신이 포기형인지 절제형인지 파악하기**

그레첸 루빈은 《나는 오늘부터 달라지기로 결심했다》에서 4가지 경향 외에 습관 형성에 영향을 미치는 또 다른 성격적 특성도 언급한다. 바로 '포기형'과 '절제형'이다. 포기형은 뭔가를 완전히 금지해야(예를 들면, 금연할 때 '단번에 끊어야') 하는 반면, 절제형은 서서히 줄이며 간헐적 보상을 받는 '위해 저감harm reduction(유해한 것을 완전히 없애거나 피할 수 없다면 최소화하라)'을 실천하는 것이 유리하다. 저항형 인간은 엄격하게 금지하면 반항심이 생기기 때문에, 서서히 줄이면서 긍정적으로 변화하는 방식이 잘 맞을 수 있다. 자신의 유형을 파악하면 속박을 끊고 목표를 향해 나아가는 데 도움이 된다.

- **목표를 부정형이 아닌 긍정형으로 재구성하기**

론다 번Rhonda Byrne의 《시크릿》에 소개된 끌어당김의 법칙을 활용해 목표를 설정할 수 있다. 원하는 것만 입 밖으로 내뱉는다. 원하지 않는 일(예를 들어, 빚더미에 앉는 것)을 말하면 부정적인 부분에 초점이 맞춰져 창의력이 제한된다. 긍정적인 방향으로 생각을 전환하면 전체적인 초점이 바뀌고, 내면의 목소리도 긍정적으로 변한다. 나는 내담자들에게 자전거 타기를 자주 예로 든다. 자전거를 타면서 오른쪽에 있는 나무를 바라보면, 아무리 노력해도 자전거는 시선이 향하는 방향으로 쏠린다. 따라서 자신이 원하는 것을 목표로 삼아야 한다.

가스라이팅에서 회복하기

지금까지 살펴본 각각의 전략을 앞에서 설정한 목표에 적용해 '습관 형성 계획'을 세워보자. 아래 질문은 앞으로 변화와 성장, 치유 과정을 통과한 후 미래 목표를 설정할 때도 사용할 수 있다.

내가 세울 수 있는 작은 목표는?

_____

_____

_____

_____

매일 어떤 노력을 1퍼센트씩 더하면 좋을까? 내가 발전하고 있다는 걸 어떻게 확인할 수 있을까?

_____

_____

_____

_____

이 목표가 너무 쉬워지지 않도록, 난이도 4퍼센트의 도전으로 만들려면 어떻게 해야 할까?

_____

_____

_____

_____

'4가지 경향'을 알아보는 테스트를 하거나 스스로 돌아봤을 때, 나는 어떤 유형에 속하는가? 어떻게 하면 그런 특성을 내 목표에 적용할 수 있을까?

_____

_____

_____

_____

_____

나의 책임감을 높여줄 사람은 누구인가? (이 사람은 어느 분야의 전문가나 강사, 혹은 당신이 등록한 프로그램의 운영자일 수도 있고, 내 목표를 실현하려면 어떤 어려움이 따르는지 잘 아는 객관적인 친구가 될 수도 있다)

_____

_____

_____

_____

_____

내 습관을 어떻게 기록하거나 '알려야' 할까?

_____

_____

_____

_____

_____

목표 달성을 위해 신선감을 어떻게 활용할 것인가?

_____

_____

_____

_____

_____

포기형과 절제형 중 어떤 방식을 사용할 것인가?

_____

_____

_____

_____

_____

어떻게 하면 내 목표를 긍정적인 표현으로 정의할 수 있을까? 내가 **원하는 것**은 무엇인가?

_____

_____

_____

_____

145쪽부터 다시 검토하면서 원래 목표가 '습관 형성 계획'에 부합하는지 살펴보자. 습관 형성에 대해 얻은 여러 가지 정보를 되새기며, 이 목표를 재고해보자. SMART 목표의 형식을 빌려 전략적인 목표를 다시 세워보자.

_____

_____

_____

_____

자신감을 되찾고
내면의 목소리에 귀 기울이는 법

가스라이팅 가해자들은 여성이 자율권과 통제권을 갖지 못하도록 공격한다. 그 결과, 피해 여성들은 자기 자신을 우선시하지 못해 자신감과 자존감이 크게 손상된다. 3장에서 살펴본 세라와 질의 관계도 이와 같았다. 질은 세라가 좋아하는 클라이밍을 못하게 하고 세라의 자율성과 개별성을 빼앗았다.

가스라이팅에서 회복하는 동안에는 건강한 목표를 설정해 자신에게 중요한 것에만 집중하며 속박에서 벗어나도록 한다. 성취감을 경험하면 긍정적인 피드백의 루프가 작동해 자존감과 자신감이 올라간다. 그런 식으로 무엇이든 할 수 있다는 자기만의 서사를 만들어가자. 이렇게 자신감을 되찾고 내면의 목소리를 듣게 되면, 가스라이팅을 알아차리고 거기에 맞서는 것이 한결 수월해진다.

의욕적인 상태를 유지하는 법

지금까지 명상의 힘과 긍정적인 셀프 토크, 결정 장애에 대처하는 법, 그리고 목표 설정을 위한 다양한 방법과 요령들을 알아봤다. 목표 달성은 개인차가 있기 때문에 자신에게 가장 잘 맞는 방법을 선택해야 한다. 효과적인 방법을 발견하면 그것을 계속 유지한다. 새로운 습관을 들이려고 계획을 세우는 단계에서도 이미 큰 힘을 얻는다. 목표에 집중하며 계획을 세우는 동안 치유와 변화에 대한 희망이 생기기 때문이다.

이 책 뒷부분에서는 당신이 더욱 성장하고, 기쁨을 되찾고, 자신감을 높이는 데 도움이 되는 자기 관리 전략을 배울 것이다. 가스라이팅을 치유하기 위해 새롭고 건강한 습관을 만들다가 갑자기 막막한 느낌이 들면 언제든 이 장으로 돌아와도 좋다. 3부로 넘어가기 전에 잠시 멈추고 당신이 이루고자 하는 비전 목록을 작성해보자.

저술가 겸 강연가 멜 로빈스Mel Robbins는 최종 목표만이 아니라, 거기까지 가는 과정에서 우리가 거쳐야 할 고단한 단계들도 마음속으로 그려보라고 조언한다. **하루 5분 명상**이라는 간단한 목표를 세우면, 더 큰 꿈을 향한 강력한 추진력을 얻을 수 있다.

나의 비전 목록

당신은 계속 성장하고 있다. 자신이 목표를 달성하는 모습을 상상하며 비전 목록을 작성해보자.

1. _____

_____

_____

_____

2. _____

_____

_____

_____

3. _____

_____

_____

_____

가스라이팅에서 회복하기

4.

_____

_____

_____

_____

5.

_____

_____

_____

_____

6.

_____

_____

_____

_____

3부는 가스라이팅에서 벗어난 이후의 성장에 초점을 맞춘다. 여기서 소개하는 도구들은 여성의 행복을 위한 연구를 기반으로 한 통합치료법에서 가져왔다. 8장에서는 자존감과 자신감을 높여 성공을 향해 나아가는 기술과 성장형 사고방식을 배울 것이다. 9장에서는 자기 자신을 사랑하고 진정한 내 모습을 포용하는 방법을 알아볼 것이다. 그리고 10장에서는 타인을 다시 신뢰하고, 미래에 건강한 관계를 구축할 수 있는 실천 가능한 방법들을 살펴볼 것이다.

회복탄력성 훈련에 힘을 쏟되, 진척이 다소 늦더라도 조바심 내지 말자. 치유는 그리 간단한 작업이 아니고, 단선적으로 이뤄지는 것도 아니다. 여러 기술을 꾸준히 연습하다 보면 치유에 속도가 붙기도 하지만, 때로는 퇴보하기도 한다. 모두 정상적인 과정이다. 치유하는 동안 자신에게 친절해야 한다는 사실을 잊지 말자.

PART THREE

가스라이팅에서
완전히 회복 후,
진정한 내 모습 찾기

당신이 할 일을 하고,
남들이 좋아할지 말지는 신경 쓰지 마라.
_ 티나 페이Tina Fey, 《티나 페이의 보시팬츠》

CHAPTER 8

가스라이팅 회복의 첫 단계,
자존감과 자신감 키우기

가스라이팅은 자아감을 무너뜨리기 때문에, 학대를 경험한 후에는 자존감을 바로 세우는 것이 중요하다. 이 장에서는 요구 사항을 표현하는 법과 자신감을 높이는 법, 자신의 진정한 능력을 파악하는 법을 배울 것이다. 자기 자신과 친밀한 시간을 보내고, 자기 몸을 돌보며, 호흡의 힘을 활용하는 데 초점을 맞출 것이다. 그리고 감사함을 되찾는 동시에, 자신의 인생 스토리에서 의미를 찾는 데 집중할 것이다. 그렇게 자존감과 자신감을 회복하고 나면, 자기 자신을 사랑하고, 자신의 참모습을 더 많이 발견하며, 타인을 다시 신뢰함으로써 위안을 얻게 될 것이다.

자신과 좋은 시간을 보낸다

가스라이팅에서 회복 중인 여성들은 종종 '자기가 누군지' 모르겠고, 심지어 '자신을 좋아할' 수 없다고 호소한다. 가해자가 그들의 참모습을 인정하지 않고 자아상까지 왜곡해놓았기 때문이다. 그럴 때는 자기 자신과 데이트하며 자신에게 집중하는 시간을 가져보자. 자기 자신에게 돈과 시간, 에너지를 쏟고 내면으로 관심을 돌리는 방법을 통해 자존감을 회복하면 앞에서와 같은 문제를 해결할 수 있다.

배울 내용
· 자기 자신과 '데이트'하며 치유를 촉진하는 창의적인 아이디어
· 자기 관리와 자기 자비를 통해 자신을 새롭게 알아가는 방법

준비 사항
· 계획을 세우는 데 필요한 10분의 시간
· 종이와 연필

　자기를 사랑하는 데 에너지를 집중하면, 자신을 더욱 가치 있는 사람으로 여기게 된다. 가스라이팅의 영향으로 아직 자존감을 실감하지 못하는 사람은 이런 시도가 '연기하는' 것처럼 느껴질 수도 있다. 하지만 계속해서 실행하다 보면 의심스러운 마음과 부정적인 셀프 토크에서 벗어나 자아를 인식하고 사랑하게 된다. 사회심리학자 에이미 커디Amy Cuddy는 "진짜가 될 때까지 연기하라"라고 조언한다.

　다음 연습을 통해 '자신과의 데이트'를 일상으로 만들기 위한 아이디어를 얻고 나만의 계획을 세워보자.

연습하기

　다음은 자신과의 데이트를 위한 8가지 핵심 영역이다. 사랑을 주고받는 방식에 청사진을 제시한 게리 채프먼Gary Chapman의 저서 《5가지 사랑의 언어》를 바탕으로 고안한 것이다. 각 상자에 선택할 수 있는 아이디어가 적혀 있으니, 그 아래에 자신만의 방법을 적어본다. 마음에 드는 아이디어에 동그라미를 치거나 별도의 목록을 만들고, 이 목록을 바탕으로 자신에게 시간과 노력을 투자해보자!

자아 성찰	신체 관리
• 일기 쓰기 • 브이로그 만들기 • 별자리나 기타 점성술 배우기 • 미술치료(예: 자화상 그리기)	• 운동 • 대체의학(예: 침 치료) • 충분한 수면 • 건강에 관한 공부, 영양제 섭취

선물하기	새로운 시도
• 나를 위한 작은 사치 • 책 구매 • 꽃 선물 • 필요할 때 쓸 수 있는 스파 이용권	• 새로운 언어 배우기 • 낯선 곳으로 떠나기 • 취향에 맞는 음악 찾아보기 • 관심 있는 취미 목록을 적고 그중 하나에 도전하기

바운더리 설정	긍정적인 말
• 싫다고 말하는 연습하기 • 불필요한 약속 잡지 않기 • 건강하지 못한 관계 멀리하기 • "제발 이해해줘"라는 말 그만하기 (바운더리의 필요성을 해명할 필요는 없다)	• 감사 일기 쓰기 • 자비로운 셀프 토크 연습하기 • 자기 자신 칭찬하기 • 지지해주는 사람들에게 내가 이룬 성과 알리기

친밀한 시간	신체 접촉
• 혼자만의 시간 확보하기 • 보기 싫은 영화 꺼버리기 • 명상하기 • 혼자 저녁 식사할 때도 촛불 등으로 분위기 내기 • 날씨 좋은 날 느긋하게 산책하기 (이때 오디오북이나 음악을 들어도 좋고, 조용히 주변의 소리에 귀를 기울여도 좋다)	• 감정 치유 기법EFT(204쪽 참고) • 드라이 브러싱(아유르베다 건강법) • 마시지 기기 이용하기 • 안마, 마사지, 지압 전문점에서 관리받기

'자신과의 데이트'를 루틴화하자

• **시간 투자:** 자기 자신과의 관계도 타인과의 관계와 마찬가지로 꾸준히 관심을 가져야 한다. 여성들은 다양한 관계와 책임과 약속에 묶여 분주한 경우가 많다. 매일 적어도 한 번씩 '자신과의 데이트'를 연습하며 균형 잡힌 삶을 위해 혼자만의 시간이 얼마나 중요한지 확인한다. 초민감자highly sensitive people, HSP들은 하루에 최소 두 시간 이상 혼자 지내야 안정적으로 생활할 수 있다. 도저히 불가능한 경우도 있겠지만, 이것이 건강한 삶을 위한 기준점이라는 것을 알아두자.

- **장애물에 대처하는 방법:** 시간이 제한적일 때도 나 자신과의 데이트로 자기애를 실천할 수 있다. 정신없이 바쁜 하루를 상상해보라. 다른 일에 신경 쓸 여유가 없겠지만, 적어도 자기 자신에게 친절하게 말하려고 노력할 수는 있다. 거기서 조금 더 나아가 60초간 호흡을 가다듬어본다. 짧은 시간이지만 효과가 크다는 걸 확인할 것이다.

- **호기심 이어가기:** '자신과의 데이트'를 끊임없는 배움의 기회로 여긴다. 자기 자신에 대해 궁금해할수록 더 많은 것을 배우고, 더불어 자존감도 높아진다. 자신에 관해 새로 알게 된 내용을 기록으로 남기면, 중요한 자기 성찰 도구가 된다.

마음 성장과 건강 회복을 위한 호흡법

"내가 숨 쉬는 공기는 과거도 미래도 아닌, 현재의 것이다."

– 작자 미상

배울 내용
- 호흡을 통해 자신과 연결되는 방법
- 가스라이팅을 치유하는 데 유용한 2가지 호흡법

준비 사항
- 2가지 호흡법에 필요한 각각 5분의 시간
- 조용한 장소
- 종이와 펜

호흡은 스트레스를 줄이고, 기분을 좋게 하며, 평온함을 가져다주는 강력한 도구다. 가스라이팅과 정서적 학대에서 회복되는 동안 호흡법을 개선하는 것은 매우 중요하다. 스트레스와 노화, 일상의 괴로움은 우리를 건강한 호흡에서 멀어지게 한다.

규칙적으로 호흡법을 연습하면, 호흡의 질이 좋아지는 것은 물론 스트레스를 조절하는 능력도 향상된다. 호흡은 **스트레스가 심할 때도** 도움이 되지만 스트레스를 **예방하는** 기능도 한다.

호흡법을 자주 연습할수록(매일 하는 것이 제일 좋다) 자신이 언제 스트레스를 받는지 빨리 알아차릴 수 있다. 여기서 소개하는 2가지 호흡법은 과학적 연구 결과를 바탕으로 한다. 가스라이팅의 악영향에서 회복하는 데 큰 도움이 될 것이다.

연습하기

박스 호흡

박스 호흡은 어디서나 쉽게 시행할 수 있다. 미국 미네소타주에 있는 메이오 클리닉Mayo Clinic에서 실시한 연구에 따르면, 박스 호흡은 혈압을 내리고, 통증을 줄여주며, 뇌의 성장을 자극한다. 또한 불안감과 공포심을 가라앉히고 수면을 개선할 뿐 아니라, 전반적인 스트레스 지수도 낮춰준다.

스탠퍼드 대학교의 신경과학자 앤드루 휴버먼은 자신의 팟캐스트 '휴버먼 랩The Huberman Lab'에서 박스 호흡이 건강한 호흡 패턴을 만들어준다고 소개한다. 과호흡(너무 얕거나 빠른 숨)을 피하고 편안한 상태에서 호흡과 호흡 사이에 짧은 휴지기를 두면, 이산화탄소에 대한 저항력이 늘어나 신체가 스트레스에 쉽게 적응할 수 있다.

박스 호흡 방법

1. 폐가 자연스럽게 확장되도록 편한 자세를 취한다(똑바로 앉거나 등을 대고 눕는 것이 좋다).
2. 천천히 숨을 내쉬면서 폐에 있는 공기를 내보낸다.
3. 4초간 코로 서서히 숨을 들이마신다.
4. 입을 다문 채로 4초간 숨을 참는다.
5. 그런 다음 4초간 천천히 숨을 내뱉는다(습관적으로 숨을 너무

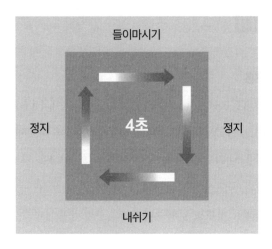

들이마시기

정지　　4초　　정지

내쉬기

빨리 내쉬는 사람은 날숨을 조절하는 이런 법을 훈련하면 평온감이
증가한다).

6. 4초간 숨을 참으면서, 들숨도 날숨도 쉬지 않는 고요한 감각
을 인식한다.

7. 이 과정을 4회 더 반복한다.

변형 기술과 고려 사항

• 5회 반복할 시간과 여유가 없으면, 박스 호흡 1세트를 한 번
이라도 완성한다. 그것만으로도 강력한 그라운딩 수단이 될
수 있다.

• 숨을 내쉴 때 콧소리를 내는 변형 기술로 미주신경을 자극
하면 신체에 '안전 신호'를 보낼 수 있다. 이는 정신을 맑게

해주는 강력한 도구다. 비슷한 방법으로 '꿀벌 호흡법(호흡을 하면서 꿀벌 소리처럼 목구멍을 울리는 것)'도 있는데, 이 또한 치유 과정에서 연습하면 좋다.

- 과거에 호흡법을 훈련했거나 스스로 이산화탄소 저항력이 크다고 생각되면(폐를 완전히 비우는 데 걸리는 시간으로 측정), 각 단계 소요 시간을 4초보다 늘려본다.
- 눈을 감고 자신의 몸에서 긴장이 풀리는 것을 느끼거나 감각이 깨어나는 과정을 의식하면 호흡의 효과가 증폭된다.
- 불안감과 공포감을 누그러뜨리는 데는 날숨이 중요하다(심장 박동보다 느리게 내쉬어야 한다). 우리는 스트레스를 받으면 숨을 지나치게 빨리 들이마신다(그래서 심장 박동 수가 증가한다). 공황 발작이 일어나도 들숨이 얕고 빨라진다. 박스 호흡으로 들숨과 날숨의 균형을 맞추면 공황 발작 발생률을 낮출 수 있다.

교호 호흡

교호 호흡은 **나디 쇼다나 프라나야마**Nadi Shodhana Pranayama라는 요가 호흡법으로, 양쪽 콧구멍을 교대로 사용해 호흡한다. 프라나야마는 산스크리트어로 '숨'을 뜻하고, 나디 쇼다나 프라나야마는 '에너지의 세밀한 정화'라는 의미다. 이 방법을 사용하면 신체의 긍정적인 기운이 증가한다.

연구에 따르면, 교호 호흡은 불안감을 줄이고 행복감을 높여주며, 육체와 정신을 이완시키는 데 도움이 된다. 힐러리 클린턴Hillary Clinton도 회고록 《무슨 일이 일어났나What Happened》에서 대선에 패배한 후 이 호흡법으로 마음을 다스렸다고 밝혔다. 또 다른 연구에서는 교호 호흡이 자율신경계의 균형을 맞추고, 스트레스를 줄여주며, 전반적인 정신 건강을 개선해 학대 생존자의 회복에 도움이 되는 것으로 나타났다.

교호 호흡 방법

1. 오른손 엄지손가락으로 오른쪽 콧구멍을 막고, 천천히 숨을 들이쉬면서 폐에 공기를 최대한 불어 넣는다(가능하면 5초간 숨을 들이쉬고 7초간 내쉬면서, 매번 숨을 더 길게 내쉬려고 노력한다. 하지만 시간이 정해진 것은 아니니, 각자 편한 대로 자유롭게 들이쉬고 내쉰다. 숨을 내쉴 때는 폐를 완전히 비운다).

2. 그런 다음 오른손 검지로 왼쪽 콧구멍을 막고, 오른쪽 콧구멍으로 숨을 끝까지 내쉰다.

3. 이제 오른쪽 콧구멍으로 숨을 들이마신다.

4. 다시 오른쪽 콧구멍을 막고 왼쪽으로 숨을 내쉰다.

5. 들숨과 날숨에 코를 번갈아 가며(이것이 한 세트) 최대 5분간 연습한다.

6. 왼손을 사용하고 싶으면, 위 순서를 반대로 하면 된다.

교호 호흡의 변형 기술과 고려 사항

- 알레르기나 감기 등으로 코를 막는 것이 불편하면 코를 막지 말고 한 콧구멍에서 다른 콧구멍으로 옮겨가며 호흡을 집중하는 **나디 쇼다나**로 대체한다. 이 방법은 '상상'에 가깝지만, 그것만으로도 뇌를 긍정적으로 자극할 수 있다.

- 어지럽거나 메스꺼우면 연습을 중단하고 평소의 호흡 패턴으로 돌아간다. 이는 호흡을 늘리는 과정에서 발생하는 자연스러운 현상이지만, 인내심을 갖고 너무 밀어붙이지 않도록 한다. 자기 자신에게 친절해야 한다는 점을 명심하자. 연습을 반복할수록 부작용이 일어날 확률이 줄어든다.

- 시간이 없으면 한 세트만 해도 도움이 된다. 스트레스를 받을 때 교호 호흡을 한 세트 하고 나면 샤워를 한 것처럼 개운하다든가, 밤에 숙면을 취한다.

자존감과 자신감을 향상시키는 파워 포즈

배울 내용
- 파워 포즈에 숨어 있는 과학적 원리와 이를 통해 자신감과 자존감을 키우는 방법
- 파워 포즈로 자신감과 자존감을 끌어 올리면 좋은 상황들

준비 사항
- 편안하게 집중할 수 있는 10분의 시간
- 거울(선택 사항)
- 종이와 펜

파워 포즈는 '신체 언어가 당신이 누군지 결정한다'라는 에이미 커디의 TED 강연으로 유명해졌다. 설령 확신이 없어도 자신감 있는 자세로 서면, 어려운 작업에 착수할 때 큰 힘을 얻을 수 있다는 이론이다.

커디와 동료들의 초기 연구에 따르면, 2분간 파워 포즈를 취한 참가자들은 모의 면접에서 더 나은 성과를 냈을 뿐 아니라, 과제를 시행하는 도중에 테스토스테론이 증가하고 코티솔(스트레스 호르몬)이 감소하는 유익한 호르몬 반응을 보였다.

이 연구 결과가 발표된 후, 학계에서는 파워 포즈가 정말로 그런 호르몬 변화를 가져오는지를 두고 격렬한 논쟁이 일어났다. 그러나 자존감과 자신감이 향상되는 것은 틀림없다는 사실이 증거로 뒷받침되고 있다.

이 기술은 가스라이팅 생존자들이 일상에서 자존감을 향상시키는 데 유용한 자기 계발 요령을 키워준다. 간단히 실행할 수 있고, 신체와 정신을 연결시켜 뇌에 긍정적인 메시지를 보낼 수 있기 때문이다.

가스라이팅에서 회복하기

연습하기

자신감이 부족했던 과거 상황이나 자신감 있게 대처하고 싶은 미래의 일(예를 들어, 입사 면접이나 프레젠테이션, 누군가와 의견 마찰이 있을 때, 새로운 기술을 배울 때 등)을 적어보자.

_____

_____

_____

_____

_____

위 상황에 대해 얼마나 자신감을 느끼는지 1에서 10까지(10이 가장 높은 자신감) 점수로 표현해보자.

_____

이제 파워 포즈와 자신감 없는 포즈를 살펴볼 것이다. 잠시 시간을 내어 각 포즈를 따라 하면서, 내 몸에 어떤 느낌이 드는지 의식해보자.

파워 포즈

| 다리를 넓게 벌리고 서기 | 두 팔을 머리 위로 들어 V자로 벌리기 | 양손을 골반에 얹기 | 머리 뒤에 손깍지를 낀 채 앉거나 서기 |

자신감 없는 포즈

| 무릎 위에 양손을 포개고 앉기 | 가슴 앞에 팔짱 끼기 | 한쪽 팔로 몸 감싸기 | 등 구부리기 |

가스라이팅에서 회복하기

각각의 포즈를 시험해본 뒤, 내 몸에 가장 자연스럽게 느껴지는 파워 포즈를 선택한다. 편안함을 느끼는 개인적인 공간에서 이 자세를 취해본다(거울 앞에 서서 단호한 시선을 함께 연습해도 좋다. 이것은 전적으로 선택 사항이며, 파워 포즈를 연습하는 데 꼭 필요한 것은 아니다). 해당 자세를 최소 2분간 유지한다. 호흡법과 함께 하면 효과가 더 크다. 만약 비판적인 생각이 떠오르면, 그것을 알아차리고 주의를 기울인 다음 그대로 흘러가게 한다.

2분이 지난 뒤, 위에 적은 상황에 대해 얼마나 자신감을 느끼는지 1에서 10까지(10이 가장 높은 자신감) 점수로 다시 평가한다.

파워 포즈를 취하면 좋은 상황

- 힘과 존재감을 표현하고 싶을 때 언제든 파워 포즈를 취한다.
- 이 기술은 앉아서도 시행할 수 있고(예를 들어, 면접 보러 가는 차 안에서), 신체뿐만 아니라 정신에도 영향을 준다.
- 누군가와 대화하거나 교류하는 순간에도 파워 포즈를 사용할 수 있다. 당신이 대범하고 개방적인 자세를 유지하면, 상대는 당신의 자신감을 감지하고 긍정적인 피드백을 보내올 것이다.
- 파워 포즈는 갈등 상황에서 몸과 의식을 연결해준다. '디어 맨' 기술과 함께 사용해보라.

- 연설이나 프레젠테이션할 때 파워 포즈를 취하면, 자신감이 생기고 스트레스가 누그러진다.

파워 포즈를 사용하고 싶은 상황을 적어본다.

_____

_____

_____

_____

_____

_____

_____

긍정적 사고를 키우는 감사 연습

가스라이팅을 경험한 사람은 부정적인 사고 패턴에 갇히기 쉽다. 긍정적인 사고가 정신 건강을 증진시킨다는 사실은 널리 알려져 있지만, 부정적인 생각이 반복될 때 긍정적인 사고로 전환하는 방법을 알아내기는 매우 어렵다.

저명한 연구자 브레네 브라운Brené Brown은 감사를 불안과 공포, 우울에 반대되는 힘으로 묘사한다. 부정적인 감정과 두려움이 밀려올 때 감사하는 마음을 가지면 치유에 매우 효과적이다. 감사하는 마음은 트라우마 치료에 긍정적인 영향을 끼치며, 과거의 경험을 더 넓은 시각에서 바라보게 해준다. 트라우마 자체를 감사하는 게 아니라, 자신이 그로부터 성장하고 지혜로워졌다는 사실을 인식하는 것이다.

배울 내용
- 과거 트라우마에서 의미를 찾아 치유하는 방법
- 우리의 관점을 변화시키고 정신 건강을 개선하며 전반적인 행복감을 높여주는 감사의 긍정적인 힘

준비 사항
- 편안하게 집중할 수 있는 10분의 시간
- 종이와 연필

연습하기

감사하는 마음을 키우는 기술은 두 부분으로 구성된다. 규칙적인 훈련을 통해 기초를 다지는 기술과 감사하는 마음을 통해 지혜

를 습득하는 기술이다.

규칙적인 훈련으로 기초 다지기

가스라이팅에서 회복 중일 때는 규칙적으로 감사 표현을 훈련하는 것이 부자연스럽거나 강제적으로 느껴질 수도 있다. 하지만 거듭하면 점점 더 편안하고 자연스러워질 것이다.

- 노트나 일기장, 휴대폰 메모 앱에 감사한 일을 3가지 이상 적어본다.
- 아무리 사소한 일이라도 괜찮다(나는 이 부분을 기술하며 마시고 있는 디카페인 아몬드 밀크 라테에 감사한다). 여기서 중요한 것은 감사 대상이 얼마나 대단한지가 아니라, 감사가 우리의 뇌와 몸과 정신에 가져다주는 긍정적인 변화다.
- 매일매일 연습해 습관으로 만든다. 날마다 시간을 들여 쓸 내용을 고민하다 보면, 온종일 감사한 일을 생각하게 되어 회복탄력성이 높아진다.
- 3가지 감사한 일을 적은 후 바로 **감사를 통한 지혜 습득**으로 옮겨가도 되고, 일주일간 감사 일기를 쓰고 나서 다음 단계로 넘어가도 된다.

감사를 통한 지혜 습득

아래 빈 칸이나 일기장에 당신에게 일어났던 힘든 일(가스라이팅 관련 경험 등)을 적어본다.

_____

_____

_____

_____

_____

그 사건이 당신에게 어떤 영향을 미쳤는가?

_____

_____

_____

_____

_____

그때 경험을 떠올리면 신체에 어떤 느낌이 드는가?

_____

_____

_____

_____

_____

그것을 통해 깨달음을 얻은 지금 그 상황을 다시 맞이한다면 어떻게 행동하겠는가?

_____

_____

_____

_____

_____

가스라이팅에서 회복하기

깨달은 내용에 집중할 때, 몸에서 어떤 감각이나 생각이 일어나는가?

_____

_____

_____

_____

_____

과거 경험으로 인해 '감사할' 부분이 있다면 무엇인가?

_____

_____

_____

_____

_____

감사가 관계에 미치는 영향

〈월스트리트 저널Wall Street Journal〉의 제니퍼 월리스Jennifer Wallace는
TV 뉴스 프로그램 〈CBS 디스 모닝CBS This Morning〉에서 감사가 관
계 구축에 긍정적인 영향을 미칠 수 있다고 조언했다.

- 감사는 좋은 파트너를 알아보는 데 도움을 준다.
- 잠재적 파트너와 서로 알아가며 상대방에게 시간과 에너지
  를 쏟게 해준다.
- 관계가 삐걱대는 시기가 오더라도 장기적으로 끈을 놓지 않
  게 해준다.

건강한 관계를 이어가려면 신뢰를 쌓아야 한다. 이것은 가스라
이팅에서 회복하는 데 매우 필요하다. 연구 결과에 따르면, 감사는
그런 성장을 불러오는 가장 효과적인 방법이다.

내면의 진실을 끌어내는 '내 이야기' 말하기

글쓰기는 강력한 인지적, 정서적 표현 도구다. 글을 쓰는 것은 창의적인 행위이며, 다른 방법으로 접근할 수 없는 내면의 감정에 가닿게 한다. 자신감과 자존감을 키워주고, 자기 자신과 주변 세상을 더 깊이 이해하도록 도와준다.

가스라이팅 가해자들은 현실 감각을 조작한다. 느낌이나 신념을 글로 쓰는 것은 내 이야기를 되찾고 내 안의 진실과 연결되는 강력한 방법이다.

배울 내용
- 과거 경험들이 자아 개념을 형성하는 방법
- 자아감을 한층 끌어 올려주는 스토리텔링의 힘

준비 사항
- 편안하게 집중할 수 있는 10~20분의 시간
- 종이와 펜(혹은 컴퓨터)

연습하기

당신의 가스라이팅 경험을 돌이켜볼 3개의 지시문이 준비되어 있다. 거기에 맞춰 글을 써나가면, 당신의 이야기를 구성하는 핵심적인 부분들이 실타래처럼 풀려나올 것이다. 아주 사소한 기억도 당신이 어떤 일을 겪었고 어떤 사람인지 이해를 넓혀줄 수 있다.

3가지 글은 **직접적인 서술, 의식의 흐름, 미래를 위한 분석**으로, 서로 스타일이 전혀 다르다. 지시문에 따라 작성한 뒤, 글을 쓰는 동안 나타난 감정적 반응을 더듬어보자.

별도의 종이나 일기장, 메모 도구를 이용해 각 지시문에 따라 순서대로 글을 작성한다. 지시문의 순서는 글쓰기의 효과를 높이기 위해 특별히 배치한 것이다. 하나만 완성해도 되고, 3가지 모두 작성해도 된다. 지시문 2는 최소한 1페이지를 채워야 하지만, 나머지는 상관없다. 질이나 양이 아니라 경험을 그대로 풀어내는 것이 중요하다. 그러므로 자신이 쓴 내용을 수정하지 않도록 한다.

지시문 1. 직접적인 서술: 자신이 겪은 가스라이팅에 대해 이야기해보라. 언제 처음 그것을 알아차렸는가? 당시 기분이 어땠는가? 지나고 나서 깨달은 점이 있는가? 비판하지 말고 자비로운 언어로 써라.

지시문 2. 의식의 흐름: 생각이 떠오르는 대로 적어보라. 가스라이팅을 당한 경험을 풀어내도 좋고, 감정을 글로 써본 기분을 털어놔도 된다. 혹은 꼬리에 꼬리를 무는 생각을 자유롭게 기술해도 된

다. 중간에 멈추지 말고, 쓰면서 읽지 말고, 앞으로 돌아가지도 마라. 글을 쓸 공간이 더 필요하면 별도의 종이나 일기장을 활용하라.

지시문 3. 미래를 위한 분석: 가스라이팅을 경험하고 깨달은 바가 당신이 원하는 미래상에 어떤 영향을 미쳤는가? 당신이 마땅히 누려야 하는 관계는 어떤 관계라고 생각하는가? 앞으로 어떤 위험 신호에 주목하겠는가? 가스라이팅이 없는 삶은 어떤 모습이라고 생각하는가?

최종 성찰

선택한 지시문에 따라 글을 작성한 후, 처음부터 끝까지 직접 읽어본다. 소리 내어 읽으면 내용을 되새기는 데 도움이 된다.

- 자신이 쓴 글을 읽으며 어떤 느낌이 들었는가?
- 글을 읽으며 새롭게 깨달은 점이 있는가?
- 다른 사람에게 보여주거나 들려주고 싶은 부분이 있는가?
- 하나의 지시문을 택했다면, 그것을 고른 이유는 무엇인가?
- 앞으로 계속 글을 쓰고 싶은가? 얼마나 자주 쓸 것인가?

_____

_____

_____

_____

_____

직접적인 서술, 의식의 흐름, 미래를 위한 분석 중 하나를 골라 연습하다 보면, 치유를 향해 한 걸음 더 나아가게 된다. 글쓰기는 가스라이팅으로부터 자신을 보호하는 수단이 된다. 다양한 학대에 맞서려면 자신의 내면과 안정적으로 연결되어야 한다.

솔루션

호흡법과 파워 포즈로 자신감을 키우고 행동으로 옮기자

가스라이팅에서 치유되려면 내가 어떤 사람이고, 얼마나 소중한지 반드시 인식해야 한다. 자기 자신과 친밀한 시간을 보내며 나 자신이 어디서 기쁨을 얻는지 알아내고, 그런 것들을 자신에게 제공해야 잠재적인 가스라이팅에 맞설 수 있다. 당신은 소중하다. 내가 나를 귀하게 여겨야 다른 사람도 나를 소중히 대한다.

자존감을 구축하고 자신감을 높이는 또 다른 방법은 건강한 바운더리를 설정하는 것이다. 안전하다고 느낄수록 바운더리를 요구하기가 수월해진다. 이 장에서 배운 호흡법을 연습하고 파워 포즈로 자신감 있는 자세를 취하면서 생각만 하지 말고 행동으로 옮겨보자.

앞으로 갈 길이 얼마나 되는지에 초점을 맞추지 말고, 내가 성장한다는 긍정적인 변화에 주목하자. 그런 변화를 이뤄낸 자신에게 감사하는 마음을 가지면, 조금 더디더라도 많은 변화를 불러올 것이다. 가스라이팅이 나에게 어떤 영향을 끼쳤는지 낱낱이 인식하고, 내가 중요시하는 가치에 집중하며, 아무리 어려운 일도 해낼 수 있다는 믿음이 생겼다면, 이제 자기 자신을 사랑할 준비가 끝났다.

CHAPTER 9

나를 사랑하고 나의 참모습
받아들이기

이 장에서는 자기애를 훈련하고, 웰빙과 번영을 강화하는 대처 기술과 함께 자기애를 실천하는 방법을 살펴볼 것이다. 회복을 위한 요가와 호흡 운동, EFT 마사지, IFS 내면 치료, EMD, 미술치료 등의 방법을 소개할 것이다. 모두 이론적 근거를 바탕으로 한 치료 기법이다. 가해자가 무너뜨리려 한 당신의 자존감을 일으켜 세우는 데 도움이 될 것이다. 정신적, 육체적, 창의적인 부분을 더 많이 발견하고, 자신을 있는 그대로 받아들이는 방법도 배워보자.

내 안의 부정적인 모습과 대면하자

리처드 슈워츠Richard Schwartz 박사는 내부 가족 체계Internal Family Systems, IFS 모델을 바탕으로, 우리는 하나의 통일된 자아가 아니라 전체를 이루는 부분의 집합이라고 말한다.

우리 안에는 3가지 부분이 있다. 관리자(팔방미인, 노동자, 슈퍼맘, 교사 등)는 과로로 쓰러질 때까지 아주 열심히 일한다. 소방관(감정적 폭식을 하는 사람, 쇼핑 중독자, 분노가 많은 사람, 미루는 사람 등)은 해로운 방법을 이용해서라도 최대한 빨리 고통을 줄이려 한다. 그리고 추방자(실패를 두려워하고, 만족스럽지 않을까 겁내며, 무시당하거나 사랑받지 못할까 봐 걱정하는 사람)가 있다.

그러나 3가지 부분은 내면에 숨겨져 스스로 인식하지 못할 수도 있다. 이런 부분은 대체로 어린 시절 트라우마나 대인적 트라우마, 혹은 억압된 기억에서 비롯된다.

자존감과 자신감은 자신의 모든 부분을 아는 것과 연관되어 있다. 자신의 모든 부분을 함부로 판단하지 않고 호기심과 동정심을 발휘하면 안전하고 이해받는다는 기분을 느낄 수 있다. 내가 친구나 상담사에게 감정을 고백했는데, 그들이 나를 무시하거나 떠나

배울 내용
- 리처드 슈워츠 박사가 개발한 IFS 이론의 기초
- 내 안의 '부정적인 부분들'에서 배울 것과 감사하는 법

준비 사항
- 편안하게 집중할 수 있는 10분의 시간
- 종이와 펜

거나 비난한다고 상상해보라.

내 안의 어떤 부분을 거부하는 것도 마찬가지다. 만약 내게 거부당한 부분이 묻혀서 사라지면, 자기 자신에 관해 아무것도 배울 수 없다.

연습하기

IFS 모델은 가스라이팅과 정서적 학대에서 치유되는 속도를 높여준다. 아래 문항에 답해보자.

1. 가스라이팅 경험과 연관된 내 안의 한 부분을 떠올린다(예를 들어, 두려움이 많은 부분, 방어적인 부분, 걱정이 많은 부분, 투쟁적인 부분, 심리적 외상을 입은 부분, 생존자 부분). 이때 발생하는 신체 감각이나 생각의 흐름, 감정에 주목해서 설명해보라.

_____

_____

_____

_____

_____

2. 위에서 떠올린 내 안의 한 부분을 최대한 자세히 묘사한다. 이 연습에는 창의력이 요구된다. 어떠한 답도 틀린 건 아니니 걱정하지 마라.

_____

_____

_____

_____

_____

3. 눈을 감고 심호흡하면서, 나와 내 안의 그 부분이 서로 마주 앉아 있다고 상상한다. 그 부분에게 어디서 왔는지(언제 처음 생겨났는지, 왜 여기까지 왔는지, 네가 생각하는 너의 '직무' 혹은 역할은 무엇인지) 물어보라.

_____

_____

_____

_____

_____

4. 그 부분이 안전감을 얻으려면 무엇이 필요한지 물어본다. 저
항감이 느껴지면 점진적인 변화를 요청할 수도 있다. 지금보
다 10퍼센트 더 안전해지려면 무엇이 필요할지 물어보라.

_____

_____

_____

_____

_____

5. 가슴에 손을 얹고, 그 부분에 당신의 사랑과 격려, 지지를 보
낸다. 마음이 한없이 넓어지면서 다른 모든 부분에까지 온기
가 전해지는 것을 느껴보라.

주의 사항

- 시각적으로 그림이 그려지지 않는 사람도 있을 것이다. 만약
  그렇다면, 그냥 어떤 감정이나 신체의 느낌과 연결되려고 해
  보라.
- 과거 경험과 연관된 내 안의 부분이 하나 이상일 수도 있다.
  그중에서 가장 관심이 필요하거나 가장 어려움을 겪고 있는
  부분을 선택한다. 그리고 다시 이 연습으로 돌아와 다른 부

분으로 바꿔본다. 처음 선택한 부분에서 여전히 많은 저항이 느껴진다면, 같은 연습을 반복해도 좋다.

- 어떤 경우에는 이 연습을 해도 회복된 느낌을 받지 못할 수 있다. 내면의 그 부분이 심한 외상을 입었다면 더욱 그렇다. 그럴 때는 1퍼센트 방법을 사용한다. 변화와 성장의 목표를 1퍼센트로 잡는 것이다. 이 부분이 지금보다 1퍼센트 더 안전하다고 느끼려면 어떻게 해야 할지 자기 자신에게 물어보라.

- 우리 안에는 무한한 부분이 존재한다. 새로운 부분을 발견하면 일기장에 적거나 목록에 추가한다.

- 각 부분이 서로 어떻게 다르고, 저마다 어떤 촉발 요인 때문에 표면화되는지 주의 깊게 살핀다.

- IFS 모델에 대해서는 배울 것이 아직 많이 남아 있다. 이 책의 '참고문헌'에서 IFS를 이용한 자가 치료법을 확인해보라.

EMDR 기법으로 스트레스를 이겨내는 법

배울 내용
- EMDR 기법으로 불안과 스트레스, 트라우마에 대응하는 방법
- 통증을 나 자신에게서 분리하는 것 vs. 통증과 함께 살아가는 것

준비 사항
- 스트레스를 받거나 긴장을 풀고 싶을 때 15분의 시간 떼어놓기
- 현재나 과거의 괴로웠던 기억

프랜신 샤피로Francine Shapiro가 트라우마 이론을 기반으로 개발한 '안구운동 민감 소실 및 재처리Eye Movement Desensitization and Reprocessing, EMDR' 기법은 스트레스나 트라우마로 발생하는 불안한 생각과 감각을 줄여주는 훌륭한 도구다. 이 방법을 활용하면 스트레스가 발생할 때 억누르거나 무시하는 대신, 안전하고 편안하게 실시간으로 대처할 수 있다. 가스라이팅에 관련된 기억 때문에 불안해지거나 강박적인 생각이 들 때도 유용하다.

연습하기

이 기법은 언제, 어디서나 활용할 수 있다. 주관적 고통 지수SUDS(89쪽 참고)가 4점 이상일 때 특히 도움이 된다. 주의를 집중할 수 있는 조용하고 안전한 공간을 확보하고, 이 기법이 자신에게 어떤 영향을 미치는지 의식해보자.

1. 충격적인 기억이나 사건을 떠올리며 몸에서 일어나는 모든 감각에 집중한다.

2. 편안하게 눈을 감거나 가만히 정면을 바라본다. 둘 중 더 편안하고 안전하게 느껴지는 방식을 택한다.

3. 그 기억이나 경험에 대한 느낌을 0에서 10으로 평가한다 (0은 침착함을 유지할 수준, 10은 견딜 수 없는 수준): _____

4. 신체 어느 부위에서 긴장감이나 압박감, 비정상적인 감각이 느껴지는지 파악한다.

5. 그 부위가 나선형으로 빙빙 돌고 있다고 상상한다. 시계 방향과 반시계 방향 중 어느 방향으로 돌고 있는가?: _____

6. 눈을 감은 채 나선을 따라 안구를 돌리며 천천히 원을 그려본다.

7. 위 동작을 약 2분간 지속한다. 타이머를 설정해도 되고, 숨을 크게 10회 들이마시고 내쉬며 시간을 가늠해도 좋다.

8. 충분하다고 느껴지면 마음속으로 나선의 방향을 바꾼다. 반대 방향으로 돌면 어떤 일이 발생하는지 주목한다.

9. 위 과정을 약 2분간 지속한다.

10. 고통 지수를 재평가하고, 처음 시작했을 때의 느낌과 방향을 바꾼 뒤 깨달은 점을 적어본다.

EMDR 기법의 효과를 높이는 방법

- 여성들은 임신과 월경에 더해 만성 피로, 자가 면역 질환, 다양한 염증 발생률이 높아, EMDR 기법을 이용해 통증에 대처하면 도움이 된다. 주관적 고통 지수로 정서적 스트레스뿐 아니라 신체적 고통도 측정할 수 있다.

- 5~10분도 짬을 내기 힘들 경우, 1분만 투자해도 고통을 완화하는 데 도움이 된다.

- 이 기술을 공황 발작에도 활용할 수 있다. 발작이 나타나려고 하면 천천히 숨을 들이쉬고 내쉬는 데 집중한다. EMDR 기법과 호흡법을 결합하면 효과가 더 강력하다.

자기애를 높여주는 미술치료

미술치료는 1940년대 시작된 임상의학의 대체요법으로, 시각 커뮤니케이션을 통해 과거의 트라우마를 떠올리거나 표현하는 강력한 수단이다. 미국미술치료학회에 따르면, 이 요법은 자존감과 자기 인식을 높이고, 정서적 회복탄력성을 기르며, 통찰력을 키워주고, 사회적 기능을 향상시키는 동시에, 갈등과 스트레스를 해결하는 데 도움이 된다. 미술치료는 일반적으로 트라우마 치유를 보조하는 데 사용된다.

다음 연습은 자기애와 자기 인식을 높이는 데 중점을 둔다.

배울 내용
- 미술치료를 통해 나를 포용하는 방법
- 내가 누구이고 무엇을 사랑하는지 탐색할 수 있는 간단하고 재미있는 미술 주제

준비 사항
- 편안하게 집중할 수 있는 20~30분의 시간
- 색칠 도구(크레용, 색연필, 마커 등)
- 종이(선택 사항)

연습하기

주제를 정해주는 '지시적' 미술치료는 **결과**가 아닌 **과정**을 중요시한다. 아름다운 작품을 만들 때 자존감이 높아지는 것은 사실이지만, 그보다 무엇을 표현하고자 하는지, 그림을 그리는 동안 어떤 감정이 드는지가 더 중요하다. 미술 도구를 다루는 느낌에 집중하면서 천천히 연습해본다.

- 옆면에 커다란 하트가 그려져 있다. 이 연습의 주제는 '내가 사랑하는 것'이다.
- 가스라이팅에서 회복 중인 여성들은 종종 자신이 무엇을 좋아하는지 모르겠다고 말한다. 그럴 때는 주변에서 장소, 사람, 사물, 애완동물, 긍정적인 기억 등 내가 사랑하고 즐기는 것들을 찾아본다.
- 펜을 들고, 하트의 각 부분을 내가 '사랑하는 것'으로 채운다('사랑'이라는 단어에 공감이 가지 않으면 '좋아하는 것'이나 '즐기는 것'도 괜찮다).
- 하트를 채워나가면서, 내가 사랑하는 것이 **무엇이든** 모두 소중하다는 사실을 명심한다(예를 들어, 좋은 영화, 산책, 사랑하는 사람과 시간 보내기 등).
- 다음으로, 좋아하는 색상을 몇 가지 고른다. 색이 많든 적든 상관없다. 각 부분을 색칠해서 모자이크로 만든다.
- 그림이 완성되면 알록달록한 색감을 감상한 후, 감사한 마음으로 내가 '사랑하는 것'들을 천천히 읽어본다.
- 마지막으로, 아래 질문에 답하며 마무리 짓는다.
  - 이 그림의 제목은 무엇인가?
  - 이 그림을 보고 어떤 느낌이 드는가?
  - 나 자신에 관해 무엇을 깨달았는가(혹은 기억해냈는가)?

가스라이팅에서 회복하기

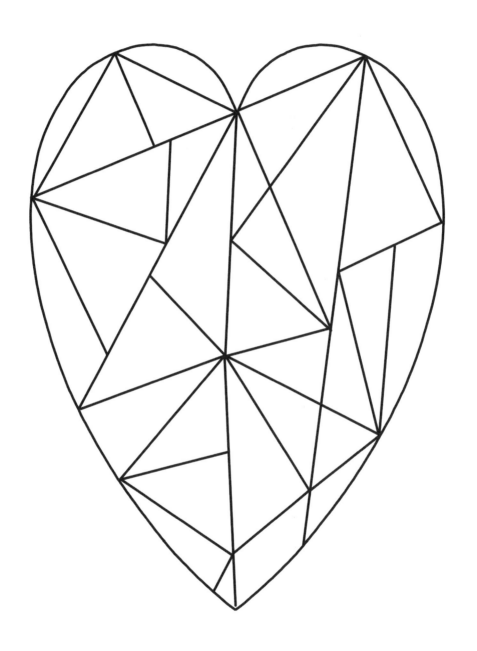

자기애를 높이는 또 다른 미술치료법

- 잡지 몇 권과 빈 종이, 가위, 풀을 준비해, 자기 자신에 대한 콜라주를 만든다.
- 안전한 공간의 이미지를 만든다.
- 자신의 이름으로 삼행시를 쓴다. 종이에 세로로 이름을 적고, 각 글자로 시작하는 문장으로 시나 노랫말을 짓는다. 완성한 뒤 주위를 간단한 그림으로 장식해도 되고, 그대로 둬도 된다.
- 산을 하나 그린 다음, 한쪽에는 내가 지금까지 이룬 일을, 다른 쪽에는 앞으로 이루고 싶은 일을 적는다.

자기애를 실천하는 요가법

정서적 학대와 가스라이팅으로 트라우마가 생기면, 자신의 몸과 자연스럽게 연결되는 느낌을 받기 힘들어진다. 50년간 트라우마를 연구해온 《몸은 기억한다》의 저자 베셀 반 데어 콜크Bessel van der Kolk는 트라우마를 치유하는 비의학적 방법으로 몸과 자아의 결속을 높이는 요가를 추천한다.

요가는 '우리 몸의 조직을 치유'하는 데 도움이 되며, 호흡과 신체와 정신을 하나로 이어준다. 신체 건강을 증진하고, 염증을 가라앉히며, 스트레스 호르몬을 조절해 자기 자신을 사랑하게 만드는 수련법이다.

배울 내용
- 요가 수련을 통해 자기애를 실천하는 방법
- 자기 자비와 그라운딩에 도움이 되는 가벼운 동작들

준비 사항
- 편안하게 집중할 수 있는 15~25분의 시간(각 동작을 반복하고 싶으면 더 많은 시간)
- 움직임에 방해되지 않는 간편한 복장
- 요가 매트(혹은 요가 수건)

연습하기

다음은 자기 자비 능력을 강화해주는 여러 가지 요가 자세다. 한 가지 동작을 1~2분씩 유지한다. 여기서 소개하는 것은 느린 움직임으로 구성된 '음 요가'다. 음 요가는 다음과 같은 특징을 지닌다.

1. 정지: 최대한 정지 자세를 유지하고, 동작을 옮길 때도 천천히 움직인다.

2. 호흡: 들숨과 날숨에 집중한다. 숨을 내쉴 때마다 근육을 더욱 이완한다.

3. 한계점: 자기애를 실천해야 하는 지점이다. 자기 자신을 너무 몰아붙이지 말고, 그렇다고 너무 빨리 포기하지도 않는다. 안정적으로 유지할 수 있는 자세를 찾되, 조금 어려운 지점까지 도전해본다.

견상(다운독) 자세

무릎을 꿇은 상태에서 발을 엉덩이 폭만큼 벌린다. 어깨가 귀와 일직선이 되도록 한 다음, 손으로 바닥을 세게 밀면서 엉덩이를 높이 들어 올린다. 다리를 곧게 펴지 않아도 되지만, 최대한 펼 수 있도록 노력한다.

- **자기 관리법:** 1분이 안 되었는데 팔이 아프면 다음 자세로 이동한다.
- **자기애 실천:** 정수리로 숨을 쉬며 그곳에 에너지를 집중한다. 자기 의심으로 괴로울 때는 마음의 에너지가 고갈되는데, 이 자세는 그런 에너지를 회복시킨다. 가능하면 1분 정도 그대로 유지한다.

아기 자세

무릎을 벌리고, 허리가 길게 늘어나는 느낌이 들 때까지 엉덩이를 뒤로 쭉 **뺀다**. 이마를 바닥에 대고, 양팔을 머리 위로 뻗으며 목을 길게 늘인다. 손가락 끝을 조금 더 위로 뻗어 흉추를 활짝 열어준다.

- **자기 관리법:** 필요한 경우, 무릎 아래에 수건 등을 깔아준다.
- **자기애 실천:** 몸이 지면으로 가라앉는 걸 느끼며, 이마를 통해 부정적인 생각을 바닥으로 흘려보낸다고 상상한다. 심장 뒤편으로 천천히, 깊게 숨을 들이마시고 내쉰다.

가스라이팅에서 회복하기

나비 자세

두 발을 모으고 앉아 무릎을 양옆으로 벌리고 척추를 곧게 세운 다음, 숨을 크게 들이마신다. 숨을 내쉬면서, 상체를 할 수 있는 만큼 최대한 앞으로 숙인다.

- **자기 관리법:** 수건을 접어 양쪽 무릎 밑에 받쳐준다.
- **자기애 실천:** 천천히 심호흡하면서, 나의 에너지로 심장을 꼭 안아 보호해준다고 상상한다.

스핑크스 자세

배를 바닥에 대고 엎드린 상태에서 발가락을 뒤로 최대한 멀리 뻗는다. 허벅지 앞부분을 바닥에 고정한 채 엉덩이를 아래로 누른다. 손바닥으로 바닥을 밀면서 상체를 일으킨 다음(이때 허리가 긴장되지 않게 한다), 양쪽 팔뚝을 바닥에 내려놓는다. 목을 길게 뻗으면서 부드럽게 정면을 바라본다.

- **자기 관리법:** 허리가 아프면, 팔을 풀고 두 손을 포갠다. 손등 위에 이마를 얹은 채 허리 아랫부분으로 숨을 쉰다.
- **자기애 실천:** 턱의 긴장을 풀고, 심장의 문을 열어젖히는 중이라고 상상한다. 그 문으로 나의 사랑을 널리 퍼뜨리고, 우주의 에너지를 듬뿍 받아들이는 모습을 머릿속에 그려본다.

가스라이팅에서 회복하기

송장 자세

마지막 자세는 신경계를 안정시키고, 마음을 가라앉히며, 몸에 쌓인 스트레스를 해소해준다. 등을 바닥에 대고 누운 상태에서 다리와 팔을 활짝 벌려 최대한 넓게 쭉 뻗는다. 이 자세가 편안해지면 눈을 감는다. 숨을 깊이 들이마시면서 몸이 바닥과 이어져 있는 것을 느낀다. 머리끝부터 발가락까지 각 부위를 차례로 이완시킨다.

- **자기 관리법:** 돌돌 만 수건이나 지지대로 무릎 밑을 받쳐 허리의 긴장을 완화한다.
- **자기애 실천:** 이 자세로 휴식을 취하며, 나는 어디로 갈 필요도 없고, 다른 사람이 될 필요도 없으며, 바꿀 필요도 없다는 점을 기억한다. 당신은 지금 이 순간 사랑받을 가치가 충분하다. 숨을 들이쉴 때 사랑을 들이마시고, 숨을 내쉴 때 자신에게 도움이 되지 않는 것들을 밖으로 내보낸다.

통증과 스트레스, 트라우마를 치료하는 감정 치유 기법 EFT ●

배울 내용
- EFT의 방법과 작동 원리
- EFT를 활용할 수 있는 다양한 문제와 상황

준비 사항
- 아무런 방해도 받지 않을 5분간의 시간
- 자신이 다루거나 해결하고 싶은 문제, 생각, 혹은 감각

신체 부위를 톡톡 두드리는 '감정 자유 기법Emotional Freedom Technique, EFT'은 1970년대 스트레스와 불안증, 공포증의 치료에 지압 요법을 시도하면서 개발되었다. 1990년대 스탠퍼드 대학교 게리 크레이그Gary Craig가 공식화해, 손끝으로 경혈에 물리적 자극을 주는 기법에 정식으로 EFT라는 이름을 붙였다. '경혈'이란 압력을 가하면 긴장이 완화되는, 신체의 매우 민감한 부위다. 우리 몸의 에너지(혹은 '기')가 바로 이 경혈을 통과하기 때문에, 이곳이 막히지 않아야 에너지가 흐르고 순환할 수 있다.

EFT는 문제를 말하고(표출), 긍정적으로 반응하며(자기애), 경혈을 두드림으로써(소매틱/신체적 자극) 스트레스와 부정적 감정을 누그러뜨리는 기술이다. 이 기법을 사용하면 긴장이 풀리고, 끊임없이 밀려드는 생각으로 인한 불안감이 현저히 감소한다. 대규모 연구에서, EFT를 경험한 참가자들은 세 차례 치료 후 인지 행동 치료만 받은 대조군보다 훨씬 더 불안감이 완화되었다. 퇴역 군인들을 대상으로 한 연구에서는 10회 혹은 그보다 적은 세션으로

참가자 중 63퍼센트에서 PTSD 증상이 개선되었다.

연습하기

다음은 스트레스와 정서적 고통에 도움이 되는 EFT를 단계별로 설명한 것이다. 단 5분이면 1~5번까지 마칠 수 있다.

1. 숨을 크게 들이마신 후, 손가락 끝으로 정수리 타점을 두드린다. 자극은 되지만 아프지 않은 강도로 빠르게 두드린다. 기분이 좋아질 때까지 두드리다가 다음 타점으로 넘어간다.
2. 두드리면서 자신을 괴롭히는 문제들(부정적인 생각, 감각, 기억)을 떠올리고 이름을 붙인다(외로움, 낮은 자존감, 분노 등).
3. 괴로움 정도를 1에서 10으로 점수 매긴다(10이 가장 고통스러운 정도): _____
4. 타점을 옮겨가면서 호흡에 맞춰 계속 두드리고, 몸에 어떤 감각이 일어나는지 의식한다. 준비되었으면, 수용 확언을 사용한다. 예를 들어, "감정이 격해질 때도 차분하고 느긋하게 대처할 거야" 혹은 "스트레스가 심해져도 나 자신을 사랑하고, 내 모습을 있는 그대로 받아들일 거야."
5. 계속해서 타점을 옮겨가며, 각 지점에서 수용 확언을 3회 이상 반복한다(마음속으로 해도 되고 소리 내어 말해도 된다).
6. 괴로움 정도를 다시 평가해본다. _____

타점 위치

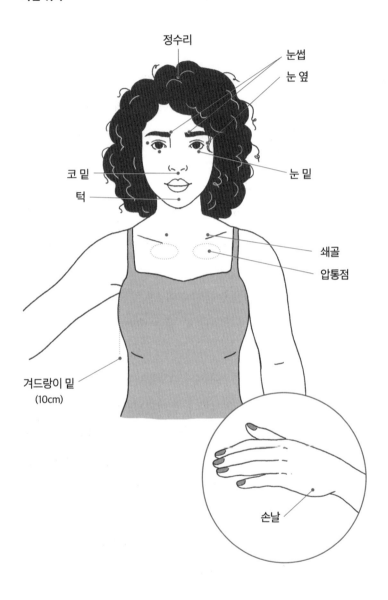

정수리

눈썹

눈 옆

코 밑

턱

눈 밑

쇄골

압통점

겨드랑이 밑
(10cm)

손날

가스라이팅에서 회복하기

주의 사항

- 정수리로 돌아와서 두드리기를 마치면, 안전감을 되찾고 삶을 긍정적으로 바라보는 데 도움이 되며, 이 기법의 효과를 더욱 '완전하게' 느낄 수 있다(다른 타점에서 마쳐도 괜찮다).
- 불편하거나 치료 효과가 없다고 느껴지는 타점은 제외해도 된다. 우리 몸은 전부 연결되어 있어, 경혈을 한 군데만 두드려도 다른 부위에 긍정적인 영향을 미친다.
- 30여 년 가까이 사용된 EFT는 불안, 우울증, PTSD, 만성 통증을 완화해주는 요법으로 알려져 있다.
- 상담치료사들도 내담자에게 EFT를 자주 사용한다.
- 두드리는 행위는 언제, 어디서든 혼자 실행할 수 있으며, 자기애를 실천하는 훌륭한 방법이다.

EFT 수용 확언의 예

- "비록 _____하게 느껴지더라도, 나 자신을 온전히 받아들이고 깊이 사랑할 거야."
- "비록 _____할까 두렵지만, 나의 감정을 온전히 받아들이겠어."
- "스스로 통제되지 않는 순간에도 나 자신을 포용할 거야."
- "스트레스를 감당할 수 없더라도 긴장을 풀고 이 순간을 온전히 받아들이겠어."

자기애를 실천해
잠재적 가스라이팅을 물리치자

이 장은 일종의 연애편지다. 자신을 돌보는 데서 한 걸음 더 나아가 자기애를 실천하는 방법까지 알아보았다. 스트레스를 받을 때 어떤 방법이 가장 효과적인지 알아두면, 앞으로 다시 가스라이팅에 직면해도 스스로 방어할 수 있다. 가스라이팅을 가하는 사람들은 타인의 불안감을 공격하기 때문에, 자신을 깊이 사랑하면 잠재적 가해자로부터 자신을 적극적으로 보호할 수 있다.

가스라이팅에서 회복 중인 사람에게는 자신을 용서하고 자비롭게 대하는 것이 자기애의 또 다른 형태라는 사실을 명심하자. 여기서 '용서'라는 개념은 매우 복잡해, 사람마다 다르게 받아들일 수 있다. 그래서 다음 장에서는 용서 방법을 배워보려 한다.

이 장에서 배운 실천 방법을 통해 꾸준히 자신에 대해 알아가고, 자기 자신을 사랑하자. 어떤 문제에 어떤 방법으로 대응해야 가장 효과적인지 다양한 시점에서 시험해보는 것도 자신을 더 깊이 이해하는 방법이다. 자기 자신을 돌보고, 이해하고, 지지할 수단이 생기면, 잠재적 가스라이팅을 완벽하게 물리칠 수 있다.

CHAPTER 10

신뢰감을 되찾고
건강한 관계 구축하기

가스라이팅을 경험하고 나면 자신과 타인을 신뢰하는 것이 어려워진다. 신뢰 회복 과정은 자기 속도에 맞춰 점진적으로 진행해야 한다. 나는 내담자들에게 자신이나 다른 사람을 한 번에 100퍼센트 믿는 게 아니라, 지금보다 10퍼센트만 더 믿어보라고 권유한다. 그런 식으로 기초를 닦아나간다.

이 장에서는 신뢰감을 회복함으로써 자신감과 안전감을 높이는 방법을 배울 것이다. 먼저, 자기 성찰을 통해 자신을 신뢰하는 기반을 쌓은 다음 내가 원하고 마땅히 누려야 할 미래의 관계에 대해 생각해보고, 이제 용서하고 떠나보내야 할, 아직 해결되지 않은 문제들을 살펴볼 것이다.

직감 활용을 돕는 명상

배울 내용
- 직감에 귀를 기울이는 방법
- 앞으로 새로운 관계를 시작할 때, 위장(세 번째 차크라)의 에너지 균형을 맞춰 자신감과 지향성을 높이는 방법

준비 사항
- 자기 자신을 돌아볼 10~20분의 시간
- 명상을 위한 조용한 공간
- 종이와 펜

가스라이팅을 겪은 후에는 새로운 관계를 시작하거나 다시 누군가를 신뢰하기가 힘들다. 이때는 인내심이 필요하다. 가스라이팅을 떠올릴 때 자신이 어떤 감정을 느끼는지 주의를 기울이면, 앞으로의 관계에서 무엇을 **원하지 않는지** 확실히 알 수 있다.

누군가를 알아가는 초기 단계에서 직감을 잘 활용하면, 위험 신호나 불쾌감을 좀 더 쉽게 알아차릴 수 있다. 요가의 '차크라chakra(산스크리트어로 '바퀴', '순환'이라는 뜻으로, 인체의 여러 곳에 존재하는 힘의 중심점을 이른다) 이론'을 이용해 균형을 찾고 직감에 눈뜨는 연습을 해보자. 그러고 나서 이 경험을 되돌아보며 기록을 남겨보자.

연습하기

요가 전통에서는 우리의 직감이 세 번째 차크라(마니푸라)인 '위장'에 자리한다고 본다. 의욕과 자신감, 지향성, 의지력이 이곳에서 생성된다. 서

양 의학에서는 우리 몸의 세로토닌(일명 '행복 호르몬') 중 90퍼센트가 위장에서 생성된다는 사실을 발견했다. 따라서 위장의 균형을 유지하려고 노력하면, 정신 건강에도 긍정적인 영향을 줄 수 있다. 정신을 집중하며 심호흡하면 위장의 에너지가 증가해 신진대사가 좋아진다. 이 점을 명심하면서 다음 명상을 수행해보자.

마니푸라 직감 명상

- 햇빛 아래에서 하는 것이 가장 좋고, 힘든 경우 밝은 공간을 찾는다. 자리에 앉거나 똑바로 서서 눈을 감는다.
- 양팔을 자연스럽게 몸 옆에 두고, 코로 숨을 깊이 들이마시면서 몸 안으로 정신을 모은다.
- 입으로 숨을 내쉬면서 발밑과 머리 위 공간을 의식한다.
- 다시 숨을 들이쉬면서 양팔을 천천히 들어 올린다. 이때 복부 중앙에서 밝은 노란색 빛이 뿜어져 나온다고 상상한다.
- 숨을 내쉬면서 양팔을 서서히 내린다. 동작이 부드럽게 연결되도록 한다.
- 지금까지의 동작을 반복하며 숨을 들이쉴 때마다 노란 차크라가 점점 커지고, 숨을 내쉴 때마다 빛이 점점 밝아지는 모습을 그려본다.
- 노란빛이 최대한 크고 밝아졌다고 생각되면, 손가락 끝이 하늘에 닿을 만큼 양팔을 머리 위로 높이 뻗는다.
- 팔을 내리고 자연스럽게 호흡을 가다듬는다.

- 모든 것이 안정되면 눈을 뜨고 내 안에 생긴 힘을 느껴본다.

눈을 뜨고 나를 둘러싼 공간 안에서 내 위치를 재정립한다. 마음의 준비가 끝나면, 다음 질문에 답한다.

직감의 힘과 연결됐을 때, 몸 안에서 무엇이 느껴졌는가?

_____

_____

_____

_____

그 느낌은 자신감이 떨어졌을 때의 느낌과 어떻게 다른가?

_____

_____

_____

_____

가스라이팅에서 회복하기

어떤 유형의 사람이나 행위를 마주할 때 직감의 힘을 잃어버리는가?

_____

_____

_____

_____

앞으로 직감에 따라 어떤 종류의 위험 신호를 진지하게 받아들일 생각인가?

_____

_____

_____

_____

내부에서 외부로 확장되는 용서의 6단계

배울 내용
- 가스라이팅을 당한 후 용서를 통해 다른 사람을 다시 신뢰하는 법
- 용서의 6단계와 나의 현재 위치

준비 사항
- 용서하고 싶은 사람이나 상황에 대한 기억
- 종이와 펜

가스라이팅을 경험한 사람은 또다시 상처받을지도 모른다는 두려움 때문에 타인을 불신하고 방어적인 자세를 취한다. 고통이 생생히 남아 있는 취약한 상태에서는 더더욱 그럴 수밖에 없다. 슬픔과 마찬가지로, 용서에도 단계가 있다. 각자 자기만의 속도에 따라 그 단계를 거친다.

흔히 용서는 나에게 상처를 준 사람이 아니라 나 자신을 위한 거라고 말한다. 맞는 말이다. 하지만 두 용서에는 미묘한 차이가 있다. 용서는 **내부**에서부터 시작된다. 자기 자신에게 자비로워지고 아픔을 극복하면서 나를 보호해야 고통을 일으키는 방어기제가 해체된다. **내적 용서**를 경험해야 다른 사람을 용서할 수 있다.

외적 용서는 타인에게 그것을 '행'하거나 '선언'하는 형태로 이뤄진다. 절대로 자신에게 가해진 일을 묵인하거나 또다시 나를 해쳐도 된다고 허용하는 것이 아니다. 외적 용서란 나 자신을 그 사람(혹은 집단)이나 그들이 행한 일에서 해방시키는 과정이다.

지금부터 용서의 6단계를 살펴볼 것이다. 나는 현재 어느 단계에 있는지 생각해보고(치유는 단선적이지 않기 때문에, 진보와 퇴보가

가스라이팅에서 회복하기

반복되는 것은 정상이다), 각 단계에 도움을 주는 질문으로 스스로 성찰해보자.

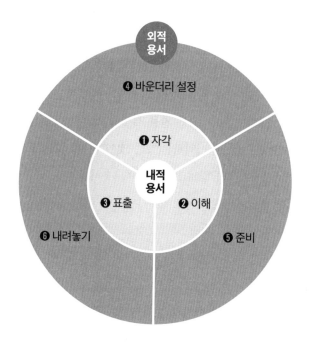

연습하기

내적 용서 과정

1. 자각: 나에게 상처를 준 것이 누구/무엇인지 알기. 이 단계의 주요 목표는 받아들이기다. 트라우마를 겪은 후 자신이 끔찍한 일을 당했다고 인정하는 것이 힘겨울 수 있다. 당연히 나를 지켜줘야 하는 사람에게서 그런 일을 당했다면 더더욱 그렇다. 하지만 내가 겪은 일을 인정하는 행위에는 나를 강하게 해주는 힘이 있다. 모든 일을 세세히 기억할 필요는 없다. 내가 알고, 느끼고, 기억하는 모든 것이 내 이야기이므로, 다른 누군가에게 확인받지 않아도 된다. 용서의 다음 단계로 넘어가면서 남에게 털어놓고 싶은 마음이 생길 수도 있다.

2. 이해: 그들이 나에게 어떤 상처를 줬는지 알기. 이 단계에서는 자기 경험을 이야기로 적거나 그림으로 그리면 도움이 될 수 있다. 그러면 더 안전하게 느껴지는 경우가 있다. 가해자가 당신에게 한 행동을 그 사람의 본질로 여기지 않는 것이 중요하다. 다시 말해, 끔찍한 행위를 가해자와 분리하는 것이다. 그러면 객관성과 균형적인 시각이 생겨 상대를 측은하게 여길 수 있다.

측은지심은 그들이 한 행위를 묵인하는 것이 아니며, 그들이 **왜** 그렇게 행동했는지 직시할 수 있게 해준다. 변명이 아니라 해명을 얻는 것이다. 미셸 래드_{Michelle Rad}가 〈허프 포스트_{Huff Post}〉기고문에서 용서의 단계에 관해 말한 것처럼, "변명은 책임이라는 요소를 몰아내지만, 해명은 동정심을 불러온다."

3. 표출: 사건의 영향을 기꺼이 자각하기. 세 번째 단계에서는 용서하지 못하는 것이 나에게 어떤 부담을 주는지 인식한다. 용서하지 못하는 마음은 마치 질병과도 같다. 분노와 적개심, 증오심 같은 부정적인 감정들은 우리의 면역 체계와 신체의 에너지 흐름에 부정적 영향을 미친다. 내면의 고통을 습관적으로 무시하면 치유 과정이 길어질 뿐이다.

분노를 표출하는 데 도움이 필요하면, 이 책에서 소개한 EMDR 기법과 명상을 실천하거나 주관적 고통 지수를 확인해본다. 대부분의 사람은 이 단계에서 더 이상 나아가지 못한다. 분노를 끄집어내는 것이 어렵기 때문이다. 무조건 서두르기보다 필요한 만큼 이 단계에 머무르는 것이 좋다. 일부 에너지 힐러_{energy healer}들은 '끈 자르기' 기술을 강조한다. 상대방과 맺고 있는 감정적 유대를 끊어버리는 모습을 상상하는 것이다. 일단 부정적인 관계에서 해방되면 자기 경험을 더욱 안전하게 처리하고, 외부를 향한 용서에 한 걸음 더 다가갈 수 있다.

외적 용서 과정

4. 바운더리 설정: 자신을 굳건히 세우기. 이전 단계에서 배운 내
용을 바탕으로 건강한 바운더리를 설정한다. 자기 삶의 영역
안에 가해자가 여전히 존재한다면(가족이나 직장 상사 등) 이
과정이 몹시 어려울 것이다.

외적 용서로의 전환은 내가 안전하다고 느껴야 비로소 가능
하다. 안전감을 조성하는 데 필요한 바운더리에는 관계를 완
전히 끝내기, 그 사람과 마주하는 시간에 제한 두기, 개인적
정보를 선택적으로 공유하기, 향후 용납하지 않을 행동 정해
두기 등이 있다.

'최후통첩'을 부정적으로 여기는 생각은 이 단계에서 뿌리 뽑
아야 한다. 당신은 관계에서 자신이 원하지 않는 것을 거부할
권리가 있고, 상대가 당신의 바운더리를 존중하지 않는다면
그 결과도 감수해야 한다. 자신을 공격하는 사람에게 맞서는
일이 안전하지 않게 느껴지는 사람도 있을 것이다. 그렇다면
이 단계의 모든 과정을 내적 연습으로 실행해본다. 그렇지 않
은 사람들은 서면이나 구두로 자기 의사를 전달한다. 그 사람
이나 집단을 대할 때, 가장 안전한 수준은 자기 자신이 가장
잘 알 것이다.

5. 용서할 준비가 됐는지 판단하기. 드디어 여기까지 왔다. 당신
은 이미 누가 나에게 상처를 입혔고, 그들이 어떤 행위를 했

으며, 분노를 참는 것이 내게 어떤 영향을 미치는지, 이 분노를 방출하는 것이 어떤 도움이 되는지, 그리고 안전감을 위해 어떤 바운더리를 설정해야 할지 확인을 마쳤다. 이제 용서할 준비가 되었는지 판단할 때다. 아직 준비가 덜 되었다고 생각되면 여기서 멈추고 이전 단계의 작업을 계속한다.

앞의 네 단계에 무한정 머물러 있는 사람도 있다. 하지만 계속해서 노력 중이라면 그 사람은 치유 과정에 있는 것이다. 외적 용서(용서하거나 선언하는 것)로 나아갈 준비가 됐다고 생각되면, 용서를 어떻게 표현할 것인지 연습해보자.

6. **짐 내려놓기.** 당신은 이미 용서를 결심한 상태다. 용서를 실천하는 방법은 다양하다.

- '디어 맨' 선언
- 편지 쓰기
- 자신이 당한 일에 관한 예술 작품을 만들고, 원한다면 그것을 파괴해 카타르시스 얻기
- 용서하고 싶은 마음을 다른 안전한 사람에게 털어놓기(실제 가해자에게는 말하지 않고)
- 가해자에게 직접 말하기(안전한 사람이라면)
- 빈 의자를 놓고 역할극 하기(상대방이 의자에 앉아 있다고 상상한다)

- 그 사람을 위해 '자애 명상' 하기

어떤 방법을 사용하든, 용서는 긍정적인 효과를 불러온다. 용서를 실천한 사람은 고통과 부정적인 에너지, 건강하지 못한 집착에서 해방되어, 문제가 해결되거나 관계가 개선되는 결과를 맞이하는 경우가 많다. 하지만 가장 중요한 것은 자유로워지는 것이다. 다른 사람에게 무슨 일이 일어나는지는 중요하지 않다. 용서의 6단계는 오직 당신을 위한 것이다.

다음 질문지를 용서의 6단계에 활용해보자. 첫 단계에서 시작해 현재 단계로 차근차근 올라가도 되고, 바로 현 단계로 이동해도 된다.

1단계: 누가, 그리고 무엇이 나를 아프게 했는가? 그 사람이 나를 해치기 전에 우리의 관계는 어떠했고, 그때부터 이 관계에 무슨 일이 있었는가?

_____

_____

_____

_____

가스라이팅에서 회복하기

2단계: 마치 스크린으로 영화를 보는 것처럼, 그 사람이 한 행동을 제삼자에게 이야기해본다. 그 사람이 영화 속 등장인물이라면, 도대체 무슨 이유로 내게 상처 주는 행위를 했을까?

_____

_____

_____

_____

3단계: 내가 상처받은 일을 떠올리면 어떤 생각, 감정, 신체 감각이 일어나는가? 그것을 내 몸에서 내보내면 어떤 기분이 들까? 그렇게 하면 나의 몸과 정신, 영혼에 어떤 잠재적 이익이 있을까? 이 고통을 참지 않고 배출하면 어떤 모습일지 형상화(머릿속으로든 미술 작품으로든)해봐도 좋다.

_____

_____

_____

_____

4단계: 이 사람에게는 어떤 바운더리가 필요할까? 내 삶의 어떤 부분을 기꺼이 공개하고, 어떤 부분을 감출까? 이 사람과의 관계를 끝내야 할까? 이 바운더리를 지킬 수 있게 도와줄 사람은 누구일까(나를 지지해주는 가족이나 동료, 심리치료사, 혹은 공권력을 이용해야 할까)? 바운더리를 설정하려면 어떤 조치를 취해야 할까?

_____

_____

_____

_____

5단계: 용서하고 싶은가? 어떤 면에서 준비됐다고 느끼고, 어떤 면에서 그렇지 않다고 느끼는가? 아직 준비가 덜 되었다면, 나는 현재 어떤 단계에 있는가? 준비가 덜 되었다고 생각될 때, 어떤 식으로 자기 자비를 실천하면 좋을까?

_____

_____

_____

_____

가스라이팅에서 회복하기

6단계: 용서한다는 건 내게 어떤 의미인가? 내게 상처를 준 사람/집단과 내 생각을 공유하고 싶은가? 그들에게 직접 말한다면, 무슨 말을 할 것인가? 편지를 쓴다면, 뭐라고 쓸 것인가?(다음에 소개할 '보내지 않는 편지'는 이런 편지를 써볼 기회를 제공한다) '디어 맨' 방법을 사용할 경우, 나는 어떤 목소리를 낼 것인가? 명상으로 혹은 정신적으로 용서한다면, 그 경험이 내게 어떤 도움이 될까?

_____

_____

_____

_____

명심하자. 용서는 치유의 한 단계이며, 어떻게 하면 다른 사람들을 신뢰하고 관계 안에서 안전감을 느낄 수 있는지 새롭게 배워가는 과정이다. 우리는 좋든 싫든 과거를 짊어지고 미래로 나아간다. 용서는 다른 사람이 당신에게 또다시 상처를 주도록 허용하는 행위가 아니라, 당신의 마음을 보호해줄 사람들에게 마음의 문을 여는 행위다.

보내지 않는 편지를 써보자

배울 내용
- 타인을 향한 해결되지 않은 감정을 처리하는 기술
- 이야기 치료의 힘, 생각과 감정을 안전하게 '소화하는' 방법

준비 사항
- 편안하게 집중할 수 있는 10~20분의 시간
- 그동안 말하고 싶었지만 차마 그러지 못한 갈등이나 관계
- 종이와 펜

가스라이팅을 겪은 후 다른 사람을 신뢰하는 것이 어려운 이유 중 하나는 가해자와 마주하는 것이 항상 안전하지만은 않기 때문이다.

내가 만나본 대다수의 여성이 비록 진짜로 보낼 생각은 없어도 편지를 쓰면서 카타르시스를 맛본 경험이 용서하는 과정에서 큰 도움이 되었다고 말했다. 감정을 글로 적으면 상황이 더욱 명확히 파악되고, 상대방에 대한 부정적인 감정이 일부 해소되기 때문이다.

케임브리지 대학교에서 실시한 연구에 따르면, 창의적인 글쓰기는 정신 건강을 증진하고, 우울증을 경감시키며, PTSD 증상을 개선한다. 또한 혈압을 낮추고 면역 체계를 강화한다. 글쓰기가 가져다주는 힘을 통해 가해자와의 관계나 과거 경험을 처리하는 데 도움을 받아보자.

연습하기

아래 빈칸을 활용하거나 별도의 종이를 준비해 질문에 답해본다. 컴퓨터로 작성하는 것이 편하면 그렇게 해도 좋다.

가스라이팅에서 회복하기

1. 누구에게, 어떤 상황에 대해 편지를 쓸 것인지 정한다.

_____

_____

_____

_____

2. 주관적 고통 지수를 1에서 10점으로 평가한다(10점이 가장 괴로운 수준).

_____

3. 필요한 만큼 충분한 시간을 들여, 나를 괴롭게 하는 사람에게 편지를 쓴다. 그 사람에게 보여주지 않아도 된다는 걸 명심한다. 편지를 '잘 쓸' 필요도 없다. 이것은 치유를 위한 연습이다. 글의 완성도보다 글을 쓰는 과정이 훨씬 중요하다.

_____

_____

_____

_____

4. 편지를 다 쓴 뒤 읽어본다. 소리 내어 읽으며 감정을 말로 표출하면 더 좋다.

5. 편지 작성을 마친 후, 다시 한번 주관적 고통 지수를 1에서 10점으로 평가한다.

치료적 글쓰기 효과를 높이는 방법

- 안전하다고 판단되면, 편지를 당사자에게 보여준다.
- 그 사람에게 편지를 주지 않기로 결정했다면, 친구나 심리치료사에게 보여줘 공감과 카타르시스를 얻는다.
- 소리 내어 읽는 행위는 힘을 불어넣어준다. 상대방이 앞에 앉아 있다고 상상하면서, '빈 의자(게슈탈트 치료법의 하나)'에 대고 낭독한다.
- 편지를 불태우거나 찢어버려도 된다.
- 편지로 예술 작품을 만들어도 좋다. 편지를 조각조각 잘라서, 치유를 상징하는 나비 모양 콜라주를 만든 내담자도 있다.
- 이 편지가 해당 관계에 당신이 원하는 변화를 가져올 수도 있다. 가능하다면 그런 변화를 시도해보고, 그렇지 않다면 잠재적으로 관계를 끝내도록 한다.
- 편지를 쓰면서 어떤 기분이 들었는지 기록으로 남긴다.

가스라이팅에서 회복하기

자신에게 자비를 베푸는 자애 명상

원망으로 몸과 마음이 굳어지면, 타인과 거리낌 없이 관계를 맺으며 안전감을 느끼기 어렵다. 용서는 가볍게 접근하기 힘든 개념이지만, 자비는 누구나 실천할 수 있는 매우 유익한 방법이다.

다음은 요가의 메타Metta 명상에서 유래한 자애 명상이다. 이를 이용해 먼저 스스로에게 자비를 베풀고, 타인을 위한 자비로 넘어가보자.

배울 내용
- 가스라이팅 치유 과정에 자비가 불러오는 힘
- 자애 명상을 통해 더욱 성장하고, 자기만의 속도로 용서를 향해 나아가는 방법

준비 사항
- 누구에게도 방해받지 않을 10분의 시간
- 혼자만의 조용한 공간(운전자라면 차 안도 가능하다)

연습하기

1. 편안한 자세를 취한다. 잠시 호흡에 집중하면서 온몸의 근육을 이완시킨다.
2. 마음의 준비가 되면, 자신에게 모든 신경을 집중해 다음 문구를 머릿속으로 천천히 되뇐다. "내가 행복하길", "내가 건강하길", "내가 안전하길", "내가 평안하길".
3. 이번에는 당신이 아끼는 사람에게 초점을 맞춰 다음 문구를 반복한다. "네가 행복하길", "네가 건강하길", "네가 안전하길", "네가 평안하길".

4. 이제 중립적인 사람(자주 보지만 잘 알지 못하는 사람)을 선택해, 위와 같이 여러 번 기원해준다.

5. 다른 사람, 동물, 국가 등을 선택해서 위와 같이 빌어준다.

6. 마지막으로, 당신을 힘들게 하는 사람을 떠올리며, 그 사람에게도 똑같이 기원해준다(현재 모습을 떠올리기 힘들 경우, 갓난아기나 어린아이였을 때를 상상하면 도움이 된다).

자애 명상을 할 때 주의사항

- 한 단계가 끝나면 충분히 여유를 두고 다음 단계로 넘어간다.
- 가장 시급하다고 생각되는 사람부터 시작해도 좋다.
- 안녕을 빌어주는 것만으로도 유익하다. 사고방식이 긍정적으로 변하면 현재나 미래의 관계가 개선되어, 다른 사람과 함께하는 시간을 즐길 수 있다.
- 자비심은 타인을 신뢰하는 능력을 키우는 데 도움이 된다.

타협 불가능한 나만의 목록을 작성하자

우리가 에너지를 쏟는 일과 사람, 우리가 느
끼고 생각하는 방식은 앞으로 건강한 관계
를 형성하는 데 영향을 준다. 끌어당김의 법
칙은 생각과 감정이 우리의 삶에 영향을 미
치며, "우리가 에너지를 집중하는 것이 결국 우
리에게로 돌아온다"라고 말한다. 7장의 목표
설정에 관한 부분에서 살펴봤듯이, 내가 원
하지 않는 것에 집중하면(트라우마를 겪은 사
람들이 특히 그렇다) 진짜로 원하는 것에 다
가갈 수 없다.

가스라이팅은 내면의 욕구를 인식하지
못하게 만들기 때문에, 회복 중인 여성들은
대체로 자신이 어떤 종류의 파트너 혹은 관계를 원하는지 알 수
없어 힘들어한다.

다음 연습을 하다 보면, 여러 가지 선택을 통해 자율성을 되찾
고, 미래 파트너에게, 혹은 그 관계에서 내가 무엇을 원하는지 정
확히 인식하게 된다.

배울 내용
- 끌어당김의 법칙을 활용해 앞으로의 관계에서 원하는 것을 얻는 방법
- 앞으로의 관계에서 내가 원하는 것과 원하지 않는 것을 분별하고, 거기에 집중하는 방법

준비 사항
- 편안하게 집중할 수 있는 10분의 시간
- 종이와 펜

연습하기

절대로 **타협할 수 없는 나만의 목록**을 만들어보자. 내가 미래의 파트너에게 바라는 점을 세세히 떠올려보자. 당신만의 공간이니, 마음껏 상상의 나래를 펼쳐본다. 나의 내담자들은 신체적 특징, 경제적 능력, 영적 활동, 문화적 배경, 성격은 물론 자동차가 깨끗해야 한다는 것까지 다양한 욕구를 표출했다.

목록을 채우기 힘들면 앞서 살펴본 '정서적 개별화'의 힘을 떠올린다. 가스라이팅에서 회복하려면 내가 무엇을 원하고, 무엇을 원하지 않는지 기억해야 한다. 한 번에 완성하기 힘들면 새롭게 떠오를 때마다 채워 넣는다. 자신에게 정말 중요한 것을 솔직하게 적는다. 믿을 수 있는 친구나 상담치료사의 도움을 받아도 된다.

타협 불가능한 목록

1. _____

2. _____

3. _____

4. _____

5. _____

가스라이팅에서 회복하기

6. _____

7. _____

8. _____

9. _____

10. _____

11. _____

12. _____

13. _____

14. _____

15. _____

16. _____

17. _____

18. _____

19. _____

20. _____

타협 불가능한 목록의 심화 단계

- 목록에 적은 사항 중에서 애초에 관계를 시작조차 하지 않을 '절대적인 항목'에 밑줄을 긋는다. 예를 들어, 같은 종교를 믿는 것이 관계에 매우 중요하다면 거기에 밑줄을 긋는다. '키가 커야 한다'는 조건이 다른 요구 사항보다 덜 중요하다고는 할 수 없지만, 정말 괜찮은 사람이라면 그 정도는 눈감아줄 수도 있을 것이다. 절대적인 항목이 몇 개가 되든 **상관없다**. 목록 전체가 무조건적인 사람도 있을 것이다. 이는 가스라이팅에서 회복되어 자신의 욕구를 드러내고 있다는 의미이므로 절대로 나쁜 일이 아니다.

- 목록을 눈에 잘 띄는 곳에 놓는다. 휴대폰 배경으로 설정하거나 거울·냉장고 등에 붙여놓는다. 나의 내담자 중에는 꿈에서까지 집중하고 싶다며 침대 밑에 넣어둔 사람도 있다.

- 새로운 관계를 시작할 때, 이 목록을 다시 한번 살펴보고 그 사람이 내 기준에 맞는지 평가한다.

- 성장이나 변화가 있을 때마다 목록을 수정한다. 목록은 나와 함께 성장하고 변화하는 유기적인 존재다.

- 신뢰하는 사람들과 목록을 공유한다. 자신의 욕구를 표현하면 거기에 더 집중할 수 있다.

- 당신은 원하는 것을 모두 누릴 자격이 있다는 걸 명심하라! 가스라이팅을 경험했기 때문에 이 말을 믿기 어렵겠지만, 이 또한 치유 과정이다.

자기 인식과 자존감을 키워
가스라이팅의 영향에서 벗어나자

이 장에서 배운 방법들은 부정적인 감정을 떨쳐내고, 타인을 신뢰하며, 새롭게 관계를 맺는 데 도움을 준다. 그뿐 아니라 우리는 이제 자신의 가치를 인식하고 재확인하며 내면을 돌아볼 수 있다. 또한 내가 무엇을 원하는지 더 깊이 알고, 해로운 사람이나 상황을 마주했을 때 바운더리를 설정하는 방법도 깨달았다.

　다른 사람을 믿는다는 것은 스스로에 대한 믿음과도 연관되어 있다. 명상과 글쓰기, 용서와 자비를 통해 가스라이팅의 영향에서 벗어나자. 자기 인식과 자존감이 충만해진 자기 자신을 느껴보자. 강력한 지지가 필요하거나 자신이 얼마나 중요한 사람인지 되새기고 싶을 때마다 이 장에서 배운 기술들을 활용하자.

끝맺는 말

치유와 성장에 집중할수록 당신은 더욱 크고 밝게 빛날 것이다. 언제나 영감이 넘쳐나 자기 자신은 물론 주위 사람들에게 힘이 되어줄 것이다. 누군가 가스라이팅으로 당신의 자존감과 자신감을 빼앗으려 한다면, 이 책에서 배운 내용을 바탕으로 "나는 나 자신을 사랑해"라고 반항해보라. 멋진 저항자가 될 것이다!

자기 자신을 돌보고 치유하고 성장하다 보면, 좋은 사람들을 끌어당긴다. 당신의 빛을 받아들일 준비가 되지 않은 사람들은 멀리 쫓겨날 것이다. 비록 고통스럽더라도, 나쁜 관계가 끝난 것에 감사하라. 거기서 당신의 힘이 시작된다. 건강한 관계는 다른 사람을 사랑하는 것만큼, 때로는 그 이상으로 자신을 사랑하는 것이다.

미국의 홈트레이닝 업체 펠로턴Peloton의 대표 강사이자 부사장인 로빈 아르존Robin Arzón은 이렇게 묻는다. "저와 함께 자기애 클럽에 가입하시겠어요?" 같은 여성으로서 함께 뭉치고, 서로를 지켜주며, 우리의 힘을 빼앗는 가스라이팅에 당당히 맞서자. 바운더리, 자기애, 자기 존중, 그리고 나를 믿어주는 사람들과의 연대에는 강력한 힘이 있다. 그 힘을 쟁취하자!

숨을 크게 쉬어보라. 그리고 지금까지 배운 내용을 잠시 되새겨보라. 당신이 이 책을 발견하고, 나와 함께 여기까지 와준 것에 무한한 감사를 표한다. 당신이 행복하기를, 건강하기를, 강인하기를, 그리고 평안하기를 기원한다.

감사의 말

내게 영감을 주는 여성들(말과 글을 통해 자신의 이야기를 공유해준 용감하고 솔직한 이들)이 없었다면 이 책은 탄생하지 못했을 것이다. 수많은 책과 저자들뿐 아니라, 내가 심리치료실에서 수년간 만나온 내담자들 역시 직접적인 통찰을 주었다. 그들은 치료를 통한 회복 과정에서 우리의 관계를 기꺼이 신뢰함으로써, 인간의 조건이 무엇이며 우리에게 얼마나 강한 치유력이 있는지 깨닫게 해주었다. 그들이야말로 이 책의 진정한 전사다.

나를 이끌어주고, 영감을 주고, 지지해주고, 함께 웃으며 내가 누구인지 늘 깨닫게 해주는 나의 열정적인 여자 친구들에게 감사를 표하고 싶다. 그들 덕분에 더 나은 내가 되는 법을 부단히 배워가고 있다.

내가 작업실에 틀어박혀 몇 시간씩 글을 쓰는 동안, 아이들을 돌보며 나를 지지해준 남편에게도 고맙다는 말을 전한다. 그는 여성들이 얼마나 뛰어나고 통찰력이 강하며 용감한지 이해할 뿐 아니라, 여성을 존중하는 진정한 남자다. 모든 여성에게 이런 남자가 필요하다.

마지막으로, 나를 믿고 이렇게 중요한 프로젝트를 맡겨준 차이트가이스트와 펭귄 랜덤하우스의 편집자 및 팀원들께도 감사드린다. 가스라이팅이 우리 사회의 주요 쟁점이 된 시기에 출판물을 통해 제대로 조명할 필요가 있었는데, 여러분의 도움으로 우리가 함께 그런 일을 해냈다고 믿는다.

도움이 될 참고 자료

《가스라이팅: 당신을 심리적으로 지배하고 조종하는 사람에게서 벗어나는 방법》
— 스테파니 몰턴 사키스(이진 옮김, 수오서재, 2021)

가스라이팅 전문가인 저자가 다양한 가해자와 그들이 끼치는 해악을 광범위하게 제시한다. 특히 여성의 자율성을 강조하며 이에 대해 자주 언급한다.

《그것은 사랑이 아니다: 왜 나를 불행하게 만드는 사람을 떠나지 못하는 걸까?》
— 로빈 스턴(신준영 옮김, 알에이치코리아, 2018)

가스라이팅이라는 용어를 대중화시킨 책 중 하나로, 의료 현장에서 환자를 치료해온 저자의 풍부한 경험을 바탕으로 한다.

《나는 오늘부터 달라지기로 결심했다》
— 그레첸 루빈(유혜인 옮김, 비즈니스북스, 2016)

여성들에게 최적화된 방식으로 변화를 일으키는 방법을 알려준다. 저자는 온화한 목소리와 풍부한 지식으로, 다른 사람들의 방식을 따라 하는 것이 아니라 각자의 성향에 맞게 변화할 수 있도록 도와준다.

가스라이팅에서 회복하기

《나는 왜 사랑할수록 불안해질까》

― 제시카 바움(최다인 옮김, 부키, 2023)

연애할 때마다 불안해 어려움을 겪는 사람들에게 건강하고 안전한 관계를 위한 로드맵을 제공한다. 애착 문제를 극복해 행복하고 충만한 관계를 구축할 수 있는 실용적이고 전체적인 접근 방식을 배울 수 있다.

《러브 유어셀프: 세상에 오직 하나뿐인 나를 사랑하라!》

― 크리스틴 네프(서광 · 이경욱 옮김, 이너북스, 2019)

'어떻게 하면 자존감을 높일 수 있을까'라는 복합적인 문제에 답을 주는 책이다. 진솔한 목소리와 각종 연구를 기반으로 한 실천법이 어우러진, 자존감 향상을 위한 필독서다.

《몸은 기억한다: 트라우마가 남긴 흔적들》

― 베셀 반 데어 콜크(제효영 옮김, 을유문화사, 2020)

트라우마의 흔적을 포괄적으로 탐구하면서, 모든 피해자에게 희망과 명료함을 제시하는 책이다. 뇌과학과 애착 이론, 신체 인식 등의 연구 성과를 바탕으로, 트라우마 생존자들이 과거의 경험으로부터 해방되는 방법을 배울 수 있다.

《유해한 관계로부터 나를 지키는 법》

― 샤히다 아라비(이시은 옮김, 문학동네, 2022)

나르시시즘 전문가인 저자가 나르시시스트와 조종자 등으로부터 힘을 되찾도록 이끌어준다. 인지행동치료$_{CBT}$와 변증법적 행동치료$_{DBT}$에 기반한 근거 중심 의학적 기술을 바탕으로 한다. 유해한 사람들이 흔히 사용하는 가스라이팅, 담쌓기, 은밀한 폭언, 애정 공세 등의 수법을 인식하고 차단하는 방법을 배울 수 있다.

《그때도 알았더라면: 학대적 관계 후의 생존과 성장What I Wish I Knew: Surviving and Thriving After an Abusive Relationship》

— 아멜리아 켈리Amelia Kelley, 켄들 앤 콤스Kendall Ann Combs

학대적 관계를 겪은 생존자(콤스)의 은밀하고 솔직한 이야기를 담고 있다. 이런 진술에 더해 심리치료사(켈리 박사)가 알려주는 통찰과 치료법, 너무 늦기 전에 학대를 인식하는 법 등을 배울 수 있다.

《복합 PTSD: 생존에서 성장으로Complex PTSD: From Surviving to Thriving》

— 피트 워커Pete Walker

복합적인 대인적 트라우마로 발생하는 다양한 트라우마 반응을 설명하고, 이런 반응(투쟁, 도피, 경직, 비위 맞추기)에 대처하는 구체적인 방법을 알려준다.

《스피크: 당신의 목소리를 찾고, 직감을 믿고, 현재의 자리가 아닌, 원하는 자리로 가라Speak: Find Your Voice, Trust Your Gut, and Get from Where You Are to Where You Want to Be》

— 툰데 오예네인Tunde Oyeneyin

과거의 상처에도 불구하고 자신을 믿는다는 것이 무엇을 의미하는지, 도전에 직면했을 때 내면의 목소리에 귀 기울이는 것은 무엇을 의미하는지 탐구하는 아름다운 책이다.

이혼 서바이벌 가이드 팟캐스트The Divorce Survival Guide Podcast

〈뉴욕 타임스〉가 추천하는 팟캐스트로, 이혼 상담가인 케이트 앤서니Kate Anthony가 오랜 경험을 바탕으로 '참아야 할까, 헤어져야 할까?'라는, 인생에서 가장 어려운 결정을 내릴 수 있게 도와준다.

가스라이팅에서 회복하기

멜 로빈스의 팟캐스트 The Mel Robbins Podcast

긍정적인 변화와 자율성 강화에 도움이 되는 팟캐스트를 찾고 있다면 이곳을 방문해보라. 유머와 솔직함, 진정성을 두루 갖춘 멜 로빈스가, 우리가 늘 생각만 하던 이야기를 들려준다.

국내 가정폭력 상담

당장 위험에 처한 긴급한 상황이라면 경찰청(112)이나 각 지역 신고 센터에 전화해서 도움을 받는다. 또한 여성가족부에서는 여성긴급전화 1366과 각 지역 여성의 전화를 통해 가정폭력이나 성폭력 상담실을 운영하고 있다. 여성가족부 홈페이지(www.mogef.go.kr)에서 각 지역 상담소 전화번호를 확인할 수 있다. 가정폭력 상담소에서는 피해 내용 상담과 의료, 법률, 보호, 숙식 등의 지원 서비스를 안내한다.

참고문헌

PART ONE 가스라이팅에 대한 지식 쌓기

Arabi, Shahida, "5 Sneaky Things Narcissists Do to Take Advantage of You" (2014). thoughtcatalog.com/shahida-arabi/2014/08/5-sneaky-things-narcissists-do-totake-advantage-of-you.

Arabi, Shahida, "Gaslighting: Disturbing Signs an Abuser Is Twisting Your Reality" (2017). thoughtcatalog.com/shahida-arabi/2017/11/50-shades-of-gaslighting-thedisturbing-signs-an-abuser-is-twisting-your-reality.

Arabi, Shahida, "Narcissistic and psychopathic traits in romantic partners predict posttraumatic stress disorder symptomology: Evidence for unique impact in a large sample," *Personality and Individual Differences*, 201 (2023). doi.org/10.1016/j.paid.2022.111942.

Ashton, Jennifer, "Data Shows Women, People of Color Affected Most by 'Medical Gaslighting,'" ABC News, April 6, 2022. abcnews.go.com/GMA/Wellness/video/data-shows-women-people-color-affected-medical-gaslighting-83905811.

Cukor, George, dir. *Gaslight*, 1944; Beverly Hills, CA: Metro-Goldwyn-Mayer Studios.

Doychak, Kendra, and Chitra Raghavan, "'No Voice or Vote:' Trauma-Coerced Attachment in Victims of Sex Trafficking," *Journal of Human Trafficking* 6, no. 3 (2020): 339-57. doi: 10.1080/23322705.2018.1518625.

Hamilton, Patrick, *Gas Light: A Victorian Thriller in Three Acts*, London: Constable and Company Ltd., 1938.

Kaylor, Leah, "Psychological Impact of Human Trafficking and Sex Slavery Worldwide: Empowerment and Intervention," American Psychological Association, September 2015. apa.org/international/pi/2015/09/leah-kaylor.pdf.

Moyer, Melinda Wenner, "Women Are Calling Out Medical Gaslighting," *New York Times*, March 31, 2022.

National Domestic Violence Hotline. thehotline.org.

Ni, Preston, "7 Stages of Gaslighting in a Relationship," *Psychology Today*, April 30, 2017. psychologytoday.com/us/blog/communication-success/201704/7-stages-gaslighting-in-relationship.

Oxford English Dictionary Online, s.v. "art, n. 1." oed.com.

"Recognizing, Addressing Unintended Gender Bias in Patient Care," Duke Health. physicians.dukehealth.org/articles/recognizing-addressing-unintended-gender-bias-patient-care.

"Refusing to Provide Health Services," Guttmacher Institute, December 1, 2022. guttmacher.org/state-policy/explore/refusing-provide-health-services.

Ruíz, E., "Cultural Gaslighting," *Hypatia* 35, no. 4 (2020): 687-713.

Thompson, Dennis, "'Medical Gaslighting' Is Common, Especially Among Women," UPI Health News, July 15, 2022. upi.com/Health_News/2022/07/15/medical-gaslighting/1951657890917.

네드라 글로버 타와브 지음, 신혜연 옮김,《나는 내가 먼저입니다: 관계의 안전거리에서 자기중심을 찾는 바운더리 심리학》, 매일경제신문사, 2021.

스티븐 코비 지음, 김경섭 옮김,《성공하는 사람들의 7가지 습관》, 김영사, 1994.

PART TWO 가스라이팅에서 벗어나 마음 치유하기

American Society for the Positive Care of Children. americanspcc.org.

Bowlby, John, "Attachment Theory and Its Therapeutic Implications," *Adolescent Psychiatry* 6 (1978): 5 –33.

Clear, James, "Habit Score Card," Accessed November 13, 2022. james-clear.com/habits-scorecard.

Finkelhor, D., A. Shattuck, H. Turner, and S. Hamby, "The Adverse Childhood Experiences (ACE) Study," *American Journal of Preventative Medicine* 14 (2015): 245 –58.

Flaherty, S. C., and L. S. Sadler, "A Review of Attachment Theory in the Context of Adolescent Parenting," *Journal of Pediatric Health Care* 25, no. 2 (March –April 2011): 114 –21.

"Keeping Your Eyes on the Prize Can Help with Exercise, Psychology Study Finds," NYU, October 1, 2015. Accessed November 10, 2022. nyu.edu/about/news-publications/news/2014/october/keeping-your-eyes-on-the-prize-can-help-with-exercise.html.

Linehan, M. M., *DBT Training Manual*, New York: Guilford Press, 2014.

McGlynn, F. D., "Systematic Desensitization," In *The Corsini Encyclopedia of Psychology*, 4th edition, edited by I. B. Weiner and W. E. Craighead (Hoboken, NJ: Wiley, 2010).

Meerwijk, Esther L., Judith M. Ford, and Sandra J. Weiss, "Brain Regions Associated with Psychological Pain: Implications for a Neural Network and Its Relationship to Physical Pain," *Brain Imaging and Behavior* 7, no. 1 (2013): 1 –14.

"Patterns and Characteristics of Codependence," Co-Dependents Anonymous, 2011. coda.org/meeting-materials/patterns-and-characteristics-2011.

Raye, Ethan, "Resmaa Menakem Talks Healing Racial Trauma," *Heights*, March 28, 2021. bcheights.com/2021/03/28/resmaa-menakem-talks-healing-racial-trauma.

Rubin, Gretchen, "Four Tendencies Quiz." gretchenrubin.com/quiz/the-four-tendencies-quiz.

Tierney, John, "Do You Suffer from Decision Fatigue?" *New York Times*, August 21, 2011.

Walker, Pete, *Complex PTSD: From Surviving to Thriving: A Guide and Map for Recovering from Childhood Trauma*, 1st edition, Lafayette, CA: Azure Coyote, 2013.

Wansink, B., and J. Sobal, "Mindless Eating: The 200 Daily Food Decisions We Overlook," *Environment and Behavior* 39, no. 1 (2007): 106–23.

아미르 레빈·레이첼 헬러 지음, 이후경 옮김, 《그들이 그렇게 연애하는 까닭》, 알에이치코리아, 2011.

제시카 바움 지음, 최다인 옮김, 《나는 왜 사랑할수록 불안해질까》, 부키, 2023.

제임스 클리어 지음, 이한이 옮김, 《아주 작은 습관의 힘: 최고의 변화는 어떻게 만들어지는가》, 비즈니스북스, 2019.

크리스틴 네프 지음, 서광·이경욱 옮김, 《러브 유어셀프: 세상에 오직 하나뿐인 나를 사랑하라!》, 이너북스, 2019.

PART THREE 가스라이팅에서 완전히 회복 후, 진정한 내 모습 찾기

"About Art Therapy," American Art Therapy Association, 2022. arttherapy.org/about-art-therapy.

Ahmed, A., R. Gayatri Devi, and A. Jothi Priya, "Effect of Box Breathing Technique on Lung Function Test," *Journal of Pharmaceutical Research International* 33, no. 58A (2021): 25–31. doi: 10.9734/jpri/2021/v33i58A34085.

Baikie, K. A., and K. Wilhelm, "Emotional and Physical Health Benefits of Expressive Writing," *Advances in Psychiatric Treatment* 11, no. 5 (2005): 338–46.

Bolton, G., S. Howlett, C. Lago, and J. K. Wright, *Writing Cures: An Introductory Handbook of Writing in Counseling and Therapy*, Hove, England: Brunner-Routledge, 2004.

Church, D., S. Stern, E. Boath, A. Stewart, D. Feinstein, and M. Clond, "Emotional Freedom Techniques to Treat Posttraumatic Stress Disorder in Veterans: Review of the Evidence, Survey of Practitioners, and Proposed Clinical Guidelines," *Permanente Journal* 21, no. 4 (2017): 16–100. doi: 10.7812/TPP/16-100.

Clinton, Hillary, *What Happened*, New York: Simon & Schuster, 2017.

Craig, G., and A. Fowlie, *Emotional Freedom Techniques*, Sea Ranch, CA: selfpublished, 1995.

Cuddy, Amy, "Your Body Language May Shape Who You Are," TED video, 20:46, 2014. ted.com/talks/amy_cuddy_your_body_language_may_shape_who_you_are.

Feinstein, D., "Energy Psychology: A Review of the Preliminary Evidence," *Psychotherapy: Theory, Research, Practice, Training* 45, no. 2 (2008): 199–213. doi.org/10.1037/0033-3204.45.2.199.

Macy, R. J., E. Jones, L. M. Graham, and L. Roach, "Yoga for Trauma and Related Mental Health Problems: A Meta-Review with Clinical and Service Recommendations," *Trauma, Violence, & Abuse* 19, no. 1 (2018): 35–57.

Rad, Michelle Roya, "The Five Psychological Stages of Forgiveness," HuffPost, September 11, 2011. huffpost.com/entry/psychological-stages-of-f_b_955731.

Schwartz, Richard C., *Introduction to the Internal Family Systems Model*, Oak Park, IL: Trailheads Publications, 2001.

Wallace, Jennifer, "How Gratitude Can Improve Your Health, Happiness, and Relationships," CBS News, November 22, 2018. cbsnews.com/video/how-gratitude-can-improve-your-health-happiness-and-relationships.

게리 채프먼 지음, 장동숙·황을호 옮김, 《5가지 사랑의 언어》, 생명의말씀사, 2010.

베셀 반 데어 콜크 지음, 제효영 옮김, 《몸은 기억한다: 트라우마가 남긴 흔적들》, 을유문화사, 2020.

브레네 브라운 지음, 안진이 옮김, 《마음 가면》, 웅진지식하우스, 2023.

프랜신 샤피로 지음, 김준기·배재현·사수연 옮김, 《트라우마, 내가 나를 더 아프게 할 때: EMDR을 통해 상처받은 과거로부터 벗어나는 자가 치유 기법》, 수오서재, 2014.

찾아보기

가스라이팅에서 회복하기

가스라이팅에서 회복하기

초판 1쇄 인쇄 2025년 3월 13일
초판 1쇄 발행 2025년 3월 20일

지은이 아멜리아 켈리
옮긴이 최지원
펴낸이 오세인 | 펴낸곳 세종서적(주)

주간 정소연 | 편집 이현미, 최정미
표지 디자인 형태와내용사이 | 본문 디자인 김미령
마케팅 조소영 | 경영지원 홍성우
인쇄 탑프린팅 | 종이 화인페이퍼

출판등록   1992년 3월 4일 제4-172호
주소   서울시 광진구 천호대로132길 15, 세종 SMS 빌딩 3층
전화   (02)775-7011
팩스   (02)776-4013
홈페이지   www.sejongbooks.co.kr
네이버 포스트 post.naver.com/sejongbooks
페이스북   www.facebook.com/sejongbooks
원고모집   sejong.edit@gmail.com

ISBN 978-89-8407-866-6 (03180)